BITCOIN A NOVA REALIDADE
DO MUNDO FINANCEIRO

EDIÇÃO INDEPENDENTE.

ESTA OBRAÉ UMAPRODUÇÃO INDEPENDENTE.

ACÓPIA OUAREPRODUÇÃO DESTA OBRA É PROIBIDA NAS NORMAS DALEI:.9.610 DE 19 DE FEVEREIRO DE 1998, DANDO OS DIREITOS AUTORAIS EM BREVÍSSIMA SÍNTESE;

GARANTIDOSAO AUTOR.

Autor: Max Nonato De Souza.

E - mail:. mxnonato2@gmail.com

TERMO DE RESPONSABILIDADE.

TODASAS INFORMAÇÕES QUE VOCÊ VAI LER NESTE LIVRO SÃO DE SUMAIMPORTÂNCIA PARA TODOS.

VOCÊ PRECISA ESTAR DISPOSTO, E IR AJUSTANDO AS INFORMAÇÕES DEACORDO COM SUAS NECESSIDADES.

SOBRE O AUTOR.

BOM EU ME CHAMO MAX NONATO.

NASCI EM PORTO VELHO EM 1979.

MEU PAI VEIO DE UMAFAMÍLIA HUMILDE E CHEGOU EM PORTO VELHO NADÉCADADE 50.

QUANDO PORTO VELHOAINDA ESTAVA SE

ESTRUTURANDO.

MINHAMÃE TAMBÉM DE FAMÍLIA HUMILDE. VEIO PARA PORTO VELHOATRÁS DE OPORTUNIDADES.

EU SOU O FILHO MAIS NOVO. DE SETE IRMÃOS, SEMPRE GOSTEI DE COISAS NOVAS RELACIONADOAO MUNDO FINANCEIRO; E SOBRE INVESTIMENTOS.

E FOI AÍ QUE BATEU ACURIOSIDADE SOBRE O BITCOIN.

ENTÃO PENSEI: COMO PODE UMAMOEDAVALER TANTO DINHEIRO. FOI AÍ QUE TIVE AVONTADE DE PESQUISAR SOBRE ESSA MOEDATÃO VALIOSA E SEGURA. O APRENDIZADO DESSAS INFORMAÇÕES É DIRETAMENTE PROPORCIONAL NO QUE VOCÊ QUER APRENDER.

ENTÃO CARO LEITOR, RESERVE UMTEMPO PARA VOCÊ PROCURE LÊR COM CALMA.

CARTAAO LEITOR:

Os conteúdos aqui descrito visa informar você caro leitor sobre as possibilidades de lucro financeiro sugeridas na forma de criptomoedas.

Embora o bitcoin forneça recomendações pontuais de investimento, fundamentadas pela avaliação criteriosa de especialistas certificados, não se pode antecipar o comportamento dos mercados com exatidão.

Padrões, histórico e análise de retornos passados não garantem rentabilidade futura. Todo investimento financeiro, em maior ou menor grau, embute riscos que podem ser mitigados; mas não eliminados.

Use o bitcoin com cautela. para que nunca sejam alocados em renda variável aqueles recursos destinados a despesas imediatas; ou de emergência, bem como valores que comprometam o seu patrimônio. Embora o bitcoin seja uma moeda de grande valor que vem aumentando esporadicamente. Fique atento a variações de mercado por ser uma moeda que tem seus altos e baixos.

Para assegurar a imparcialidade na avaliação das criptomoedas saiba investir, o seu dinheiro.

Caro leitor Pessoas que têm dificuldades com limites devem procurar aplicações mais estáveis. Atítulo de elevação dos padrões fiduciários e promoção das

melhores práticas do mercado.

BITCOIN ANOVAREALIDADE DO MUNDO FINANCEIRO.

1.0:. O que é bitcoin?

Entenda como funciona a moeda virtual.

Amoeda virtual bitcoin; propõe um novo modelo econômico sem governos ou instituições financeiras.

Todas as transações são feitas de usuário para usuário.

Criada por um homem chamado:

Satoshi Nakamoto.

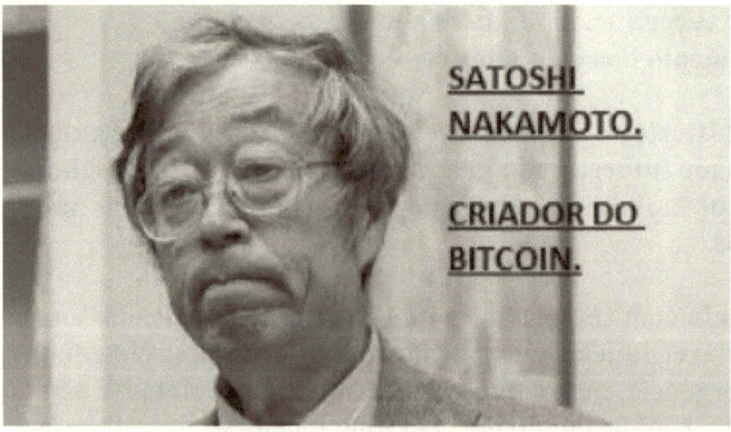

a "moeda da internet", como é chamada por alguns, tem um funcionamento complexo baseado em um conjunto de regras, no qual os usuários são "RESPONSÁVEIS" PELAREGULAÇÃO

DO DINHEIRO ELETRÔNICO.

VEJACOMO FUNCIONAA MOEDA:

2.0:. O que é Bitcoin?

O Bitcoin: é uma moeda virtual criado no ano de 2009 por um
programador.

O nome Bitcoin vem da fusão da palavra inglesa coin (moeda) e
da palavra Bit, termo que representa a menor unidade de
informação no campo da informática.

O Bitcoin funciona como um protocolo *peer to perr* (ponto a
ponto), que permite transações anônimas sem a necessidade de
intermediários.

Outra característica interessante é o fato de não existir um órgão
regulador do Bitcoin, o que torna mais difícil a manipulação do
valor da moeda, e o fato desta moeda ser de fabricação limitada
pela rede, o que torna impossível a fabricação imediata em

grandes quantidades, deixando o Bitcoin praticamente imune à inflação.

Por que devo investir/fazer uma reserva financeira em Bitcoins?

Porque o potencial de valorização da moeda é grande.

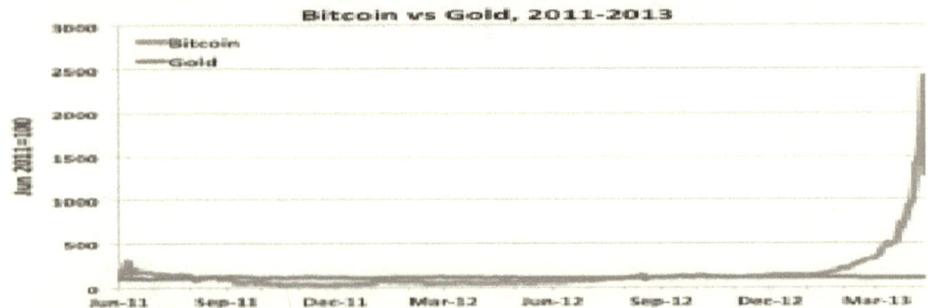

Como exemplo, temos a história do estudante: norueguês Kistoffer Koch. Em 2009 Koch resolveu INVESTIR US$ 27 na compra de 5.000 Bitcoins.

Em abril de 2013 o estudante, após notícias sobre a grande valorização da moeda, resolveu verificar o saldo de sua conta quase esquecida.

Depois de fazer esforço para se lembrar da senha de acesso, Koch teve a feliz constatação de que seu investimento de US$ 27 havia se transformado em US$ 886.000.

Kistoffer lucrou muito com a valorização da moeda, fato que foi consequência da crescente popularidade da mesma. Característica que deve aumentar muito nos próximos anos, à medida que o Bitcoin vai crescendo em número de adeptos e vencendo preconceitos.

Talvez não vejamos um "boom" tão grande em comparação com o inicial, mas é melhor fazer uma pequena reserva em Bitcoins para não se arrepender depois.

Prova disso é o fato de que, recentemente, a maior reserva de Bitcoins passou a ser de posse do governo americano.

3.0:. O QUE É BITCOIN?

Quando fazemos um pagamento com uma nota de 50 Reais, estamos fazendo um pagamento que é rápido, barato, e quem não requer intermediários. Rápido, porque o tempo para a transação ser finalizada é o tempo de entregar a cédula ao vendedor.

Barato: porque não há taxas nesta transação. Sem intermediários porque não é necessário que nenhuma outra empresa participe deste processo, nem do lado do comprador, nem do lado do vendedor.

Nas formas de pagamento eletrônicos, há uma grande mudança no relacionamento entre compradores e vendedores. Se pegarmos como exemplo um pagamento com boleto, este deixa de ser rápido, pois além do comprador ter que fazer que se dirigir ao banco para fazer o pagamento, o vendedor só receberá o dinheiro alguns dias depois. Este pagamento também tem um custo maior, dado que além do custo do boleto, o vendedor precisa ter uma conta bancária e o comprador, às vezes, tem que se deslocar para pagá-lo. Finalmente, sempre há o banco intermediando a transação, e às vezes, outras empresas como o Paypal, por exemplo.

Entender o Bitcoin é simples. Ele é uma tecnologia digital que permite reproduzir em pagamentos eletrônicos a eficiência dos pagamento com cédulas descrita acima. Pagamentos com bitcoins são rápidos, baratos e sem intermediários. Além disso, eles podem ser feitos para qualquer pessoa, que esteja em qualquer lugar do planeta, sem limite mínimo ou máximo de valor.

Atecnologia vem ganhando muitos adeptos mundialmente. Recentemente Bill Gates em uma entrevista ao canal de negócios TV Bloomberg disse que "o Bitcoin é excitante porque é barato".

Hoje é possível fazer doações em bitcoins para instituições globais como Greenpeace ou Wikipedia, ou comprar passagens aéreas na Expedia, ou dar entrada EM um apartamento, tudo usando bitcoins.

Acreditamos que ele seja a tecnologia mais relevante sendo produzida na internet. E está apenas no começo.

4.0:. Bitcoin: o que é e como ganhar dinheiro com a criptomoeda!

O que é?

Aprenda tudo sobre o mundo das moedas virtuais! A criptomoeda.

O nome "Bitcoin" pode fazer menção a várias coisas. Uma delas é a *unidade monetária*. No ambiente da internet, bitcoins são aceitos como meio de troca em compras e vendas comuns.

Essas transações de bitcoins seguem um protocolo baseado em criptografia e matemática computacional.

Esse protocolo é praticamente inviolável, permitindo que o

sistema funcione sozinho, sem um dono ou administrador, basta as pessoas usarem!

Por ser totalmente digital e só funcionar através da internet, os bitcoins podem ser fracionados em partes muito, muito pequenas.

Você já imaginou gastar menos de um centavo? No caso do Bitcoin, os valores podem ser fracionados em até oito casas decimais.

Isso significa poder realizar micropagamentos de até 0,00000001 BTC. Prepare-se para presenciar grandes mudanças nesses tipos de pagamentos daqui em diante!

Além disso, há uma curiosidade interessante e bastante explicativa. Você notou como a palavra "bitcoin" apareceu iniciando com o "B" hora maiúsculo, hora minúsculo?

Essa definição acontece justamente para diferenciar a unidade monetária, os bitcoins, dos outros papéis que o Bitcoin representa. Enquanto isso, o Bitcoin como negócio como rede descentralizada de circulação de dinheiro são referenciados com "B" maiúsculo.

5:.A Rede Bitcoin.

Uma outra forma de referenciar o Bitcoin é a sua rede.Que funciona sozinha, mas como?

É o que, em linguagem técnica, se chama de rede descentralizada. Isso significa que todos os usuários da Rede Bitcoin têm os mesmos privilégios, mudando apenas o papel desempenhado por eles.

Além disso, os usuários compartilham de todas as informações da rede ao mesmo tempo, dispensando a necessidade de um agente central que coordene tudo.

Apesar da informação ser compartilhada, ela é criptografada , permitindo que você saiba detalhes apenas das transações bitcoin que você participa. Todo esse processo é baseado em um consenso matemático, que realiza uma espécie de auto validação, chamado de *proof − of − work.*

Somente com a quebra desse consenso a rede poderia ser fraudada. Entretanto, isso requer um poder computacional tão grande que nem mesmo os computadores mais caros do mundo conseguiriam. Trata-se de um fator que faz com que a: rede seja muito segura, mais do que quaisquer bancos do mundo.

Quais são as suas características?

Privacidade.

Toda vez que alguém transfere valores, isso precisa ficar registrado em algum lugar, correto? Essa regra continua valendo aqui, e levada a níveis aprofundados.

Acada uma destas transferências ou transações bitcoin , um registro é criado é lançado em uma rede pública chamada Blockchain. Entretanto, como mencionado, essas transações são codificadas e você só pode saber detalhes sobre as trocas que você realiza.

Isso significa que nomes e dados dos envolvidos sequer são requeridos pelo sistema. Tampouco há diferenciação por nível de renda, origem, aparência ou qualquer característica.

Isso torna o processo bem mais democrático e, ao mesmo tempo discreto. Uma alternativa interessante às operações bancárias e de cartão de crédito, cujas organizações têm livre acesso

(e estão sujeitas a ataques hackers constantes).

Descentralização.

Agora, vamos explicar com detalhes o que é uma rede descentralizada. Existem dois tipos de usuários:

Gastadores e recebedores.

são as pessoas que usam bitcoin como um ativo comum. Utilizam para comprar e vender produtos e serviços, investir ou poupar.

Evidentemente, esses usuários hora estão na condição de gastadores, hora de recebedores.

Uma característica interessante do envio e do recebimento em bitcoin é que a transação é de ponto a ponto, de uma pessoa para a outra, sem um agente central que coordene tudo —tal qual um banco.

6:.Como ganhar Bitcoins?

maneiras de ganhar Bitcoins. VEJA AS INFORMAÇÕES: 1.0:. Mineiração de Bitcoins.

Os Bitcoins são gerados através de um processo conhecido como mineração, onde computadores resolvem complexos problemas matemáticos para gerar Bitcoins. A medida que os problemas são resolvidos, eles se tornam cada vez mais difíceis.

No ano de 2009, assim que a moeda foi lançada, era possível usar um computador pessoal para minerar Bitcoins. Atualmente é preciso investir alguns milhares de reais na compra de equipamentos mais potentes para ganhar Bitcoins através de mineração.

Sites que pagam Bitcoins por pequenas tarefas.

Esse é o método usado para ganhar Bitcoins diariamente sem gastar um centavo.

Existem vários sites que pagam Bitcoins por tarefas simples, como digitar um captcha, ver um anúncio ou acessar uma

página.

Antes de entrar nestes sites, é preciso que você crie uma carteira virtual para armazenar seus Bitcoins.

2.0:. Mineradores.

Para um sistema processar milhões de transações simultâneas no mundo inteiro, é preciso um combustível.

Esse combustível são os mineradores: pessoas comuns ou empresas que usam computadores especiais para fornecer capacidade de processamento para a rede.

Isso significa que você, em qualquer lugar do mundo, pode conectar seu computador ao Bitcoin para processar as transações que acontecem entre as pessoas.

Claro, tudo isso em troca de uma remuneração em bitcoins.

7:.Rapidez.

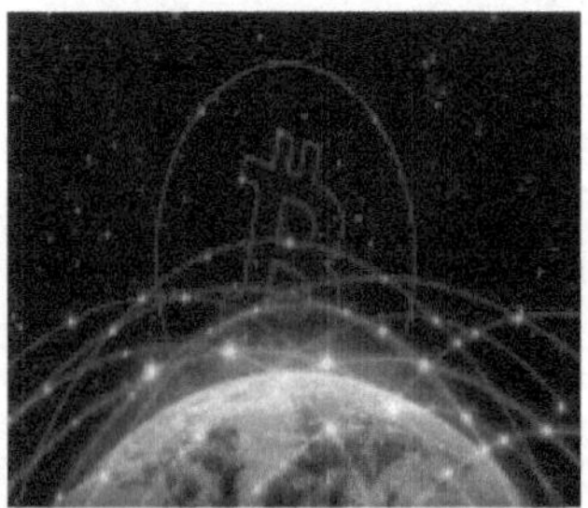

**Todas as transações podem ser feitas para qualquer lugar do mundo, a qualquer hora, em questão de minutos. E o melhor de tudo isso é que o preço desse envio custa, em média, de alguns centavos.

Isso significa poder enviar dinheiro para alguém do seu lado , no seu bairro ou na China com a mesma rapidez e pagando as mesmas taxas.

Diferentemente das transações bancárias e dos pagamentos em cartão, essa taxa não é fixa para o Bitcoin. As taxas pagas para enviar valores em bitcoin, no caso, são de livre escolha de quem envia.

O que acontece, portanto, é que as transações com taxas de transação mais generosas serão processadas primeiro pela

rede.

Embora essa característica pareça ser um problema, ela é uma grande solução: a taxa de transação de equilíbrio, na maior parte do tempo, gira em torno de R$0,50.

Portanto, se você está sem pressa para ter a sua transação aprovada, pode pagar ainda menos centavos por isso. Em contrapartida, mesmo quem precisa enviar dinheiro imediatamente pode fazer isso a partir de valores bastante modestos.

Somente em caso de congestionamento da rede, quando os mineradores estiverem sobrecarregados, essa taxa faz diferença no tempo de confirmação. Mas esse tipo de evento é muito raro, com poucas ocorrências ao longo de um ano, por exemplo.

Transparência.

Já sabemos que é possível checar os dados de todas as transações, e que elas são criptografadas e guardadas na

Blockchain.

E, se a Blockchain é um registro público, é suposto que seja possível vê-la a qualquer momento, não é mesmo? Portanto, se você quer vê-la funcionando, poderá fazer isso.

Esse sistema funciona da seguinte forma: a cada vez que duas pessoas trocam bitcoins —um envia e o outro recebe —, um código é gerado.

Esse código representa uma transação bitcoin , registrando a quantidade de bitcoins a serem enviados e os endereços das carteiras do remetente e do recebedor.

Para ambas as partes concordarem com essa transação, ela precisa ser assinada digitalmente, o que é feito automaticamente por um software de carteira através de um mecanismo de chaves privadas.

É como se, para cada troca, fosse criada uma fechadura que somente o recebedor e o remetente têm a chave.

Segurança.

Para fazer transações em bitcoin, não são requeridos registros, documentos ou perguntas. E você pode começar

imediatamente!

Graças à descentralização, a burocracia é zero para essa criptomoeda. Contudo, o que isso influi na segurança?

Primeiramente, esse modelo livra os usuários dos riscos econômicos. Riscos estes, que são oriundos de más políticas públicas, inflação e outras influências humanas na "governança do dinheiro".

Vale lembrar que os brasileiros já experimentaram diversas peripécias dos governantes nesse campo, desde planos monetários ineficientes a confisco de poupança.

Em seguida, vêm a proteção contra os riscos da custódia do dinheiro. Ao guardá-lo em bancos, você está sujeito a ter seu sigilo quebrado, sofrer espionagem, ser cobrado injustamente, sofrer estornos, ter a sua conta congelada ou mesmo confiscada.

Para esse problema, a custódia do dinheiro é feita totalmente pelo usuário. Assim, todos que possuem bitcoins podem armazená-los em suas carteiras digitais pessoais.

Essas carteiras são arquivos guardados no seu próprio computador ou em dispositivos de fácil mobilidade, como pendrives e outros gadgets próprios para esse fim.

Em contrapartida, você se torna responsável pela segurança do seu dinheiro, sendo necessário conhecer alguns procedimentos de segurança digital .

8:.Como ganhar dinheiro?

Como todas as tecnologias que envolvem finanças, muitas promessas e golpes aparecem, sobretudo para pegar os usuários mais desprevenidos.

Portanto, para você ganhar dinheiro com o Bitcoin, há algumas lições de ouro que você precisa saber.

Primeiramente, assim como qualquer outro tipo de moeda — como o real ou o dólar —, não é possível ganhar dinheiro sem fazer nada.

Desconfie de negócios que façam ofertas mirabolantes ou promessas de rendimentos absurdamente altos e seguros ao mesmo tempo.

Somente é possível ganhar bitcoins através de mineração ou fazendo negócios: realizando

comércio, prestando serviços ou assumindo os riscos de um investimento.

9:.Comércio e trabalho.

Hoje, é possível comprar e vender diversos produtos e serviços usando bitcoins. Muitas vezes, não é preciso sequer ter uma carteira de bitcoins para isso.

Hoje, existem processadores de pagamento que fazem todo o trabalho para você, inclusive recebimentos em bitcoin com conversão imediata e depósito em reais!

Claramente essa é uma oportunidade lucrativa , uma vez que você substitui a taxa das operadoras de pagamentos e cartões de crédito pelas operações em nível de centavos da Rede Bitcoin.

Isso pode se converter em desconto para os seus clientes ou mesmo uma maior margem lucro sobre cada venda!

Se uma operadora de cartão de crédito cobra, por exemplo, 6% de taxa sobre cada venda que você realiza, você pode se livrar desse custo quando o recebimento for em bitcoins!

10:.Ativo de investimento.

Aausência de burocracia e a rapidez do Bitcoin está abrindo a porta do mundo dos investimentos para várias pessoas.

Quem, anteriormente, não se sentia à vontade para procurar um banco de investimentos, por exemplo, agora pode começar a investir imediatamente pela internet.

Em muitas bolsas de bitcoin, sobretudo estrangeiras, você pode criar uma conta em segundos, inserindo apenas dados supérfluos, como nome e email.

Além disso, assim como o investimento em quaisquer moedas, o Bitcoin não remunera os usuários.

Aqui, a forma de ganhar dinheiro é na variação do preço de mercado dos bitcoins. É o famoso processo de "comprar na baixa e vender na alta".

Entretanto, como essa tecnologia ainda é recente, as pessoas e as organizações aos poucos vêm entendendo melhor o Bitcoin e as suas

possibilidades.

Consequentemente, à medida que mais pessoas adotam o bitcoin,

sua capitalização aumenta e seu valor sobe. Não é à toa que, entre janeiro de 2015 e janeiro de 2017, o preço de 1 BTC saltou de US$313,00 para US$900.

Se você se assustou com todo esse valor para apenas uma unidade, lembre-se do poder de fração dos bitcoins, em até oito casas decimais após a vírgula!

11:.Quais precauções é preciso tomar?

lembre de pesquisar muito bem antes de fazer qualquer investimento e entenda todos os fatores que circulam nesse meio.

Nunca invista quantias que você não esteja disposto a perder; leia blogs, notícias e se mantenha bem informado.

Afinal, embora o Bitcoin esteja se valorizando, isso acontece em ciclos de altos e baixos, e você precisa se posicionar estrategicamente.

Dizem que o Bitcoin vai fazer com o dinheiro o mesmo que o e-mail fez com os correios.

E você? Já está preparado para essa revolução digital?

12:.Como funciona a mineração de Bitcoins?

O sistema de mineração de Bitcoins é gerido por um software específico. Portanto, para minerar é necessário baixá-lo no computador para fazer parte de uma rede interligada com outros computadores que fazem parte da rede bitcoin, semelhante ao torrent .

Após isso, a pessoa já pode se conectar a uma grupo de outros mineradores, chamados de pool, que agrupam poder de processamento, ou minerar sozinha.

Muitos computadores dessas entidades servem como "nós" do sistema, sendo responsáveis por controlá-lo, validar informações e garantir a segurança na troca de dados relacionados à moeda.

Dessa forma, o mercado de Bitcoin consegue funcionar independente de um "nó" central, ou seja, num sistema "peer to peer" sem a necessidade de uma organização que regule e controle sua cotação, emissão e outras atividades relacionadas a ele.

13:.Como se conseguem Bitcoins?

O processo de mineração consiste em tentar decifrar códigos com valores criptografados emitidos pelo software. Essas emissões são sequências de bits geradas pelo algoritmo do programa, sendo chamados de "hashs". Envolvem equações matemáticas altamente complexas.

Quem consegue decifrar o código primeiro ganha uma determinada quantidade de Bitcoins.

O vencedor e os seus Bitcoins são informados pelo seu nó aos demais para que todos validem e saibam que esses bitcons pertencem a esse minerador, de modo que ele possa fazer uso do seu prêmio.

Existe um grande banco de dados que atua como "livro de registros", o chamado "blockchain", onde cada transação é registrada de forma cronológica e linear, sendo também digitalmente assinada para garantir sua integridade e veracidade.

Uma cópia dele está presente em cada nó, o que permite que eles possam validar ou não as informações recebidas de acordo com os dados que possuem.

Nesse sentido, a aprovação de cada transação depende de um consenso, o que previne fraudes.

14:.Por que essa moeda digital se tornou atrativa?

O Bitcoin se tornou atrativo graças à valorização que vem sofrendo, já que o mercado chinês anda impulsionando essa moeda digital por conta da desvalorização do Iuan.

Graças ao aumento dos preços, a moeda voltou a atrair gente interessada em investir em Bitcoin, especialmente aqueles que atuam em grandes grupos de mineração. Por meio deles, é possível competir com empresas que possuem equipamentos potentes específicos para minerar Bitcoins, já que todos compartilham poder computacional enquanto tentam decifrar os códigos.

Os resultados obtidos por esses grupos, que podem passar de dezenas de milhares de integrantes, são divididos entre todos. Isso porque os Bitcoins podem ser negociados por meio de frações.

Essa moeda digital tem servido de inspiração para grandes agentes financeiros, sendo que vários bancos já aderiram à sua tecnologia (blockchain) ou estão estudando formas de usá-la.

Alguns até mesmo já pensam em criar e implantar suas próprias criptomoedas, o que significa uma forte tendência do crescimento delas no futuro.

15:.PERGUNTAS FREQUENTES.

Encontre as respostas para as perguntas frequentes e mitos sobre o Bitcoin.

Geral

O que é Bitcoin?

Bitcoin é uma rede que funciona de forma consensual onde foi possível criar uma nova forma de pagamento e também uma nova moeda completamente digital. É a primeira rede de pagamento descentralizada (ponto-a-ponto) onde os usuários é que gerenciam o sistema, sem necessidade de intermediador ou autoridade central. Da perspectiva do usuário, Bitcoin funciona como dinheiro para a Internet. Bitcoin também pode ser visto como o mais promissor sistema de contabilidade de entrada tripla existente.

Quem criou o Bitcoin?

Bitcoin é a primeira implementação de um conceito chamado de "cripto- moeda", que foi descrita pela primeira vez em 1998 por Wei Dai na lista de discussão cypherpunks, sugerindo a idéia de uma nova forma de dinheiro que usa criptografia para controlar sua criação e as transações, ao invés de uma autoridade central. Aprimeira especificação do Bitcoin e prova de conceito foi publicado em 2009 em uma lista de criptografia por Satoshi Nakamoto. Satoshi deixou o projeto no final de 2010, sem revelar muito sobre si mesmo. Acomunidade desde então tem crescido exponencialmente com muitos desenvolvedore trabalhando em Bitcoin.

O anonimato de Satoshi frequentemente levantou preocupações injustificadas, muitos dos quais estão ligados a incompreensão da natureza open-source de Bitcoin. O protocolo e software Bitcoin são publicados abertamente e qualquer desenvolvedor em todo o mundo pode rever o código ou fazer a sua própria versão modificada do software Bitcoin. Assim como os desenvolvedores atuais, a influência de Satoshi limitou-se às mudanças que ele fez sendo adotada por outros e, portanto, ele não controlou Bitcoin. Como tal, a identidade do inventor do Bitcoin é provavelmente tão relevante hoje quanto a identidade da pessoa que inventou o papel.

Quem controla a rede Bitcoin?

Ninguém é dono da rede Bitcoin. Assim como ninguém possui a tecnologia por trás do e-mail. Bitcoin é controlada por todos os usuários do Bitcoin ao redor do mundo. Enquanto os desenvolvedores estão melhorando o software, eles não podem forçar uma mudança no protocolo do Bitcoin, porque todos os usuários são livres para escolher o software e versão que 8 usam. Afim de permanecer compatíveis uns com os outros, todos os usuários precisam usar o software em conformidade com as mesmas regras. Bitcoin só pode funcionar corretamente com um consenso total entre todos os usuários. Portanto, todos os usuários e desenvolvedores têm um forte incentivo para proteger este consenso.

Como o Bitcoin funciona?

Da perspectiva do usuário, Bitcoin não é nada mais do que um programa aplicativo ou computador móvel que oferece uma carteira Bitcoin pessoal e permite que o usuário envie e receba bitcoins com ele. Assim é como Bitcoin funciona para a maioria dos usuários.

Nos bastidores, a rede Bitcoin compartilha um registro público chamado de "cadeia de bloco" ou "block chain". Este registro contém todas as transações já processadas, permitindo que o

computador do usuário verifique a validade de cada transação. Aautenticidade de cada transação é protegida por assinaturas digitais correspondentes aos endereços enviados, permitindo que todos os usuários tenham controle total sobre o envio de bitcoins de seus próprios endereços Bitcoin. Além disso, qualquer um pode processar transações, usando o poder de computação de hardware especializado e ganhar uma recompensa em bitcoins por este serviço. Isso é muitas vezes chamado de "mineração".

Bitcoin é realmente usado por pessoas?

Sim, Existe um número crescente de empresas e indivíduos usando Bitcoin. Incluindo estabelecimentos tradicionais como restaurantes, apartamentos, escritórios de advocacia e serviços populares on-line como Namecheap, WordPress, Reddit e Flattr.

Enquanto Bitcoin continua a ser um fenômeno relativamente novo, ele está crescendo

rapidamente.

No final de agosto de 2013, o valor de todos os bitcoins em circulação excediam 1.5 bilhões de dólares americanos, sendo que 1.5 milhões de dólares em bitcoins são usados diariamente.

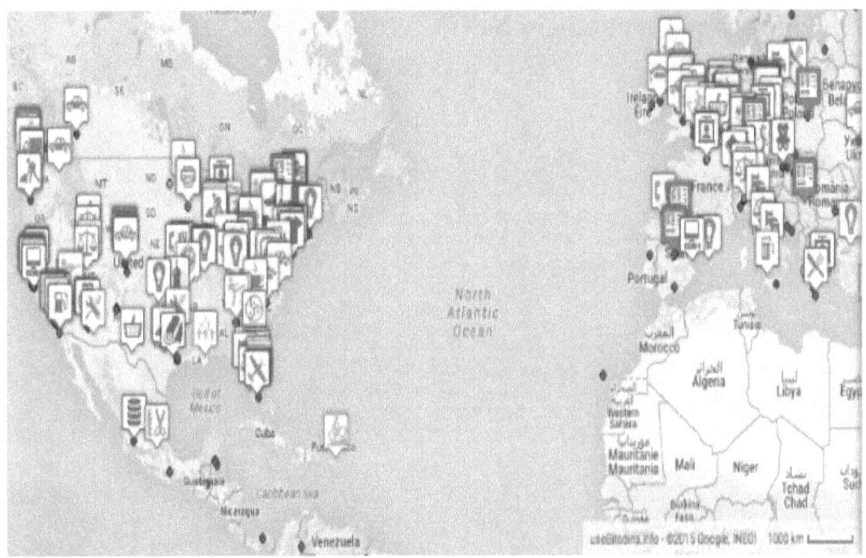

Como uma pessoa pode adquirir bitcoins?

Como pagamento de bens ou serviços.

Comprar bitcoins em Bitcoin câmbio. Troque de bitcoins com alguém perto de você. Ganhe bitcoins através de mineração competitiva. Embora possa ser possível encontrar pessoas que desejam vender bitcoins em troca de um cartão de crédito ou pagamento PayPal, a maioria das trocas não permitem o financiamento através destes métodos de pagamento. Isto é devido aos casos em que alguém compra bitcoins com PayPal, e, em seguida, inverte a sua metade da transação. Isto é comumente referido como um estorno.

Qual a dificuldade para fazer um pagamento Bitcoin?

Pagamentos Bitcoin são mais fáceis de fazer do que compras feitas com cartão de crédito ou débito, e podem ser recebidos sem uma conta de comerciante. Os pagamentos são feitos a partir de uma aplicação de carteira, seja no seu computador ou smartphone, digitando o endereço do destinatário, o valor do pagamento e apertando enviar. Para tornar mais fácil de inserir o endereço de um destinatário, muitas carteiras podem obter o endereço por digitalização de um código QR ou tocar dois telefones com a tecnologia NFC.

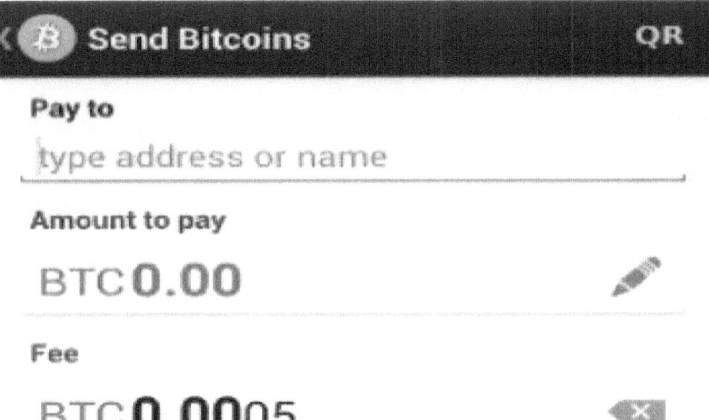
Send Bitcoins
QR
Pay to
type address or name
Amount to pay
BTC 0.00
Fee
BTC 0.0005
Cancel
Send

Quais são as vantagens do Bitcoin?

Liberdade de Pagamento - É possível enviar e receber qualquer quantia de dinheiro instantaneamente em qualquer lugar do mundo a qualquer momento. Não há feriados. Não há fronteiras. Não há limites impostos. Bitcoin permite que seus usuários estejam em pleno controle de seu dinheiro.

Taxas muito baixas - pagamentos com Bitcoin são atualmente processados tanto sem taxas ou com taxas extremamente pequenas. Os usuários podem incluir taxas de transações para receber tratamento prioritário, o que resulta em uma confirmação das transações mais rápida pela rede. Além disso,

existem processadores comerciais para auxiliar comerciantes em operações de processamento, convertendo bitcoins em uma moeda fiduciária e depositando fundos diretamente para contas bancárias dos comerciantes diariamente. Como estes serviços são baseados em Bitcoin, eles podem ser oferecidos com taxas muito mais baixas do que com PayPal ou redes de cartão de crédito.

Menos riscos para os comerciantes - As transações de Bitcoin são seguras, irreversível, e não contêm informações confidenciais ou pessoais dos clientes. Isso protege os comerciantes de perdas causadas por fraude ou estornos fraudulentos, e não há necessidade de conformidade com o PCI. Os comerciantes podem facilmente expandir para novos mercados, onde os cartões de crédito não estão disponíveis ou taxas de fraude são inaceitavelmente elevadas. Os resultados líquidos são taxas mais baixas, os mercados maiores, e menos custos administrativos.

Segurança e controle - Usuários do Bitcoin tem controle total de suas transações; é impossível que os comerciantes forcem cobranças indesejadas ou não notificadas como poderia ocorrer com outras formas de pagamento. Os pagamentos com Bitcoin podem ser realizados sem vincular informações pessoais à transação. Isto oferece forte proteção contra furto de identidade. Os usuários do Bitcoin também podem proteger seu dinheiro com cópias de segurança e criptografia.

Transparente e neutro - Toda informação em relação a própria moeda Bitcoin está facilmente disponível na block chain para qualquer um verificar e usar em tempo real. Nenhum indivíduo ou organização pode controlar ou manipular o protocolo Bitcoin, porque este é criptograficamente seguro. Isso permite que o núcleo do Bitcoin seja confiável por ser completamente neutro, transparente e previsível.

Quais são as desvantagens do Bitcoin?

Grau de aceitação - Muitas pessoas ainda não têm conhecimento de Bitcoin. Acada dia, mais empresas aceitam bitcoins, porque eles querem as vantagens ao fazê-lo, mas a lista continua pequena e ainda precisa crescer, a fim de beneficiar-se dos efeitos de rede. Volatilidade – O valor total do número de bitcoins em circulação e o número de transações que utilizam Bitcoin ainda é muito menor comparado ao que poderia ser. Portanto, eventos relativamente pequenos, trocas, ou atividades negociais podem afetar significativamente o seu preço. Em teoria, esta volatilidade irá diminuir a medida que o mercado da Bitcoin e a tecnologia amadurecerem. Nunca antes o mundo havia presenciado a criação de uma moeda, então é realmente difícil (e excitante) imaginar como isto irá funcionar.

Desenvolvimento em curso - O Software Bitcoin ainda está em beta, com muitas funcionalidades incompletas porém em desenvolvimento ativo. Novas ferramentas, recursos e serviços estão sendo desenvolvidos para fazer Bitcoin mais seguro e acessível para as massas. Algumas delas ainda não estão prontas para todos. A maioria dos negócios com Bitcoin são novos e ainda não oferecem segurança. Em geral, o Bitcoin ainda está no processo de amadurecimento.

Por que as pessoas confiam no Bitcoin?

Grande parte da confiança no Bitcoin vem do fato de que ele não exige nenhuma confiança em tudo. Bitcoin é totalmente open-source e descentralizado. Isto significa que qualquer pessoa tem acesso ao código- fonte completo em qualquer ponto. Qualquer desenvolvedor no mundo pode, portanto, verificar exatamente como funciona o Bitcoin. Todas as transações e bitcoins emitidos para a existência podem ser consultados de forma transparente em tempo real por qualquer pessoa. Todos os pagamentos podem ser feitos sem depender de terceiros e todo o sistema é fortemente protegido por revisão de algoritmos criptográficos, como os usados para operações bancárias online. Nenhuma organização ou indivíduo pode controlar o Bitcoin, e a rede continua a ser segura, mesmo que nem todos os seus usuários possam ser confiáveis.

Posso ganhar dinheiro com Bitcoin?

Você nunca deve esperar ficar rico com Bitcoin ou com qualquer tecnologia emergente. É sempre importante ter cuidado com tudo o que parece bom demais para ser verdade ou desobedece regras econômicas básicas.

Bitcoin é um espaço crescente de inovação e há oportunidades de negócios, que também incluem riscos. Não há garantia de que o Bitcoin vai continuar a crescer, embora tenha desenvolvido a um ritmo muito rápido até agora. Investir tempo e recursos em qualquer coisa relacionada ao Bitcoin requer empreendedorismo. Existem várias maneiras de ganhar dinheiro com o Bitcoin, como mineração, especulação ou execução de novos negócios. Todos estes métodos são competitivos e não há nenhuma garantia de lucro. Cabe a cada indivíduo fazer uma avaliação adequada dos custos e os riscos envolvidos em tal projeto.

Bitcoin é totalmente virtual e imaterial?

Bitcoin é tão virtual como os cartões de crédito e redes bancárias online que as pessoas utilizam todos os dias. Pode ser usado para pagar online e em lojas físicas, tal como qualquer outra forma de dinheiro. Bitcoins também podem ser trocados na forma física, como as moedas Casascius coins, mas pagar com um telefone celular geralmente parece mais conveniente. Saldos Bitcoin são armazenados em uma grande rede de distribuição e que não pode ser alterados de forma fraudulenta por nenhuma pessoa. Em outras palavras, os usuários Bitcoin tem controle exclusivo sobre os seus fundos e os bitcoins não podem desaparecer só porque eles são virtuais.

Bitcoin é anônimo?

O Bitcoin é designado para permitir aos usuários enviar e receber pagamentos com um grande nível de privacidade, assim como qualquer outra forma de pagamento. Entretanto, Bitcoin não é anônima e não pode oferecer o mesmo nível de privacidade que o papel moeda. O usuário da Bitcoin deixa uma extensiva lista de dados públicos. Vários mecanismo existem para proteger a privacidade dos usuários, e mais outros estão em desenvolvimento. Porém, ainda existe trabalho a ser feito antes que esses mecanismos sejam utilizados corretamente pela maioria dos usuários da Bitcoin.

Algumas preocupações foram levantadas de que as transações privadas poderiam ser usadas para fins ilegais com Bitcoin. No entanto, é interessante notar que o Bitcoin, sem dúvida, será submetido a regulamentos semelhantes que já estão em vigor dentro de sistemas financeiros existentes. Bitcoin não pode ser mais anônimo do que o dinheiro e não é susceptível de impedir investigações criminais de serem conduzidas. Além disso, o Bitcoin também é projetado para evitar uma grande variedade de crimes financeiros.

O que acontece quando bitcoins são perdidos?

Quando um usuário perde a carteira, seu dinheiro é retirado de circulação. Os Bitcoins perdidos ainda permanecem na block chain, assim como quaisquer outros bitcoins. No entanto, perder bitcoins é mantê-los perdidos para sempre, porque não há nenhuma maneira de alguém encontrar a chave privada que lhes permitiria serem gastos novamente. Por causa da lei da oferta e da procura, quanto menos bitcoins estão disponíveis, aqueles que estão à esquerda estarão em maior demanda e haverá um aumento no valor para compensar.

Bitcoin pode tornar-se uma grande rede de pagamento?

Arede Bitcoin já pode processar um número muito maior de transações por segundo do que já processa hoje. No entanto, não é totalmente preparada para ser dimensionada para o nível das grandes redes de cartão de crédito. Os trabalhos estão em curso para levantar as limitações atuais, e as futuras exigências já são bem conhecidas. Desde o início, todos os aspectos da rede Bitcoin tem sido um processo contínuo de maturação, otimização e especialização e, isso deve-se esperar que permaneça assim durante alguns anos. Como o tráfego cresce, mais usuários Bitcoin podem utilizar clientes leves e os nós de toda a rede podem se tornar um serviço mais especializado.

Legal.

Bitcoin é legal?

No nosso melhor entendimento, o Bitcoin não é considerado ilegal pela legislação na maioria das jurisdições. Entretanto, algumas jurisdições (como a da Argentina e da Rússia) restringiram severamente ou baniram moedas estrangerias. Outras jurisdições (como a da Tailândia) limitaram o licenciamento de certas entidades, como a utilização da Bitcoin.

Reguladores de várias jurisdições estão tomando medidas para proporcionar aos indivíduos e empresas com regras sobre como integrar essa nova tecnologia com o formal e regulamentado sistema financeiro.

Por exemplo, o Financial Crimes Enforcement Network (FinCEN), um setor dentro do Departamento do Tesouro dos Estados Unidos, emitiu orientações não vinculativas sobre a forma como ele caracteriza certas atividades que envolvam moedas virtuais.

Bitcoin é útil para atividades ilegais?

Bitcoin é dinheiro, e dinheiro sempre foi usado tanto para fins legais e ilegais. Dinheiro, cartões de crédito e sistemas bancários atuais superam amplamente o Bitcoin em termos de seu uso para financiar crimes. O Bitcoin pode trazer inovação significativa nos sistemas de pagamentos e os benefícios dessa inovação são muitas vezes consideradas como muito além de suas desvantagens potenciais.

Bitcoin é projetado para ser um enorme passo em frente em ganhar dinheiro mais seguro e também poderia atuar como uma proteção significativa contra muitas formas de crime financeiro. Por exemplo, bitcoins são completamente impossível de falsificar. Os usuários estão em pleno controle de seus pagamentos e não pode receber encargos não aprovadas, como a fraude de cartão de crédito. As transações de Bitcoin são irreversíveis e imune a cobranças fraudulentas. Bitcoin permite que o dinheiro a ser protegidos contra roubo e perda de utilização de mecanismos muito fortes e úteis, tais como cópias de segurança, criptografia e várias assinaturas.

Foram levantadas algumas questões que o Bitcoin poderia ser mais atrativo para os criminosos, porque pode ser usado para fazer pagamentos privados e irreversíveis. No entanto, esses recursos já existem com o dinheiro e transferência bancária, que são amplamente utilizados e bem estabelecidos. O uso do Bitcoin será, sem dúvida, submetido a regulamentos semelhantes aos que já estão em vigor dentro de sistemas financeiros existentes e o Bitcoin não é suscetível de impedir que investigações criminais sejam conduzidas. Em geral, é comum para as descobertas importantes serem entendidas como duvidosas antes que seus benefícios sejam bem compreendidos. AInternet é um bom exemplo dentre muitos outros para ilustrar isso.

Bitcoin pode ser regulamentado?

O protocolo Bitcoin em si não podem ser modificado sem a cooperação de quase todos os seus usuários, que escolhem o software que utilizam. A tentativa de atribuir direitos especiais a uma autoridade local nas regras da rede global Bitcoin não é uma possibilidade prática.

Quaisquer organizações ricas podiam optar por investir em hardware de mineração para controlar metade do poder de computação da rede e tornar-se capaz de bloquear ou reverter transações recentes. No entanto, não há garantia de que eles poderiam manter este poder uma vez que esta exige investir tanto que todos os outros mineiros do mundo.

É, no entanto, possível regular o uso de Bitcoin de forma similar a qualquer outro instrumento. Assim como o dólar, bitcoin pode ser usado para diversos fins, alguns desses podem ser considerados legítimos ou não, de acordo com a lei de cada jurisdição. Nesse sentido, Bitcoin não é diferente de qualquer outra ferramenta ou recurso e pode ser sujeito a diferentes regulações em cada país.

O uso de Bitcoin pode ser dificultado por regulações restritivas, nesse caso é difícil determinar a porcentagem de usuários que continuariam a usar a tecnologia. Um governo que venha a banir o Bitcoin estaria atrapalhando o desenvolvimento de negócios e mercados, movendo a inovação a outros países. O desafio de reguladores é, normalmente, desenvolver soluções eficientes sem atrapalhar o crescimento de mercados emergentes e negócios.

E quanto a impostos e Bitcoin?

Bitcoin não é uma moeda fiduciária com estado de moeda legal em nenhuma jurisdição, mas frequentemente os impostos se aplicam independentemente do meio utilizado. Há uma grande variedade de legislações em várias diferentes jurisdições que poderiam fazer com que renda, vendas, folhas de pagamento, ganhos de capital, ou qualquer outra forma de responsabilidade fiscal surja com Bitcoin.

E quanto à proteção do consumidor e o Bitcoin?

Bitcoin está liberando as pessoas para fazer transações em seus próprios termos. Cada usuário pode enviar e receber pagamentos de forma semelhante ao dinheiro, mas eles também podem tomar parte em contratos mais complexos.

Assinaturas múltiplas permitem que uma transação seja aceita pela rede somente se um determinado número de um grupo definido de pessoas concordar em assinar a transação.

Isso permite que serviços inovadores de mediação de disputas sejam desenvolvido no futuro. Tais serviços podem permitir a um terceiro, aprovar ou rejeitar uma transação em caso de desacordo entre as outras partes sem ter controle sobre o dinheiro.

Ao contrário de dinheiro e outros métodos de pagamento, Bitcoin sempre deixa uma prova pública de que a transação ocorreu, o que pode potencialmente ser usada em um recurso contra as empresas com práticas fraudulentas.

Também vale a pena notar que, enquanto comerciantes normalmente dependem de sua reputação pública para continuar no negócio e pagar seus empregados, eles não têm acesso ao mesmo nível de informações quando se trata de novos clientes.

Amaneira que Bitcoin funciona permite que indivíduos e empresas se protejam contra estorno, enquanto dá ao consumidor a escolha de pedir mais proteção quando eles não estão dispostos a confiar em um comerciante em particular.

Economia.

Como são criados bitcoins?

Novos bitcoins são gerados através de um processo competitivo e descentralizado chamado "mineração". Esse processo consiste na recompensa dada aos usuários pelos seus serviços. Os "mineiros" de Bitcoin estão processando transações e fazendo a rede segura usando hardware especializado e coletando novos bitcoins em troca.

O protocolo Bitcoin foi projetado de uma forma que os novos bitcoins são criados em uma proporção fixa. Isto faz com que a mineraçao de Bitcoin seja um negócio muito competitivo.

Quando mais mineradores se juntam à rede, se torna cada vez mais difícil gerar lucro e os mineradores precisam buscar eficiência para cortar seus custos operacionais. Nenhuma autoridade central ou desenvolvedor tem qualquer poder de controlar ou manipular o sistema para aumentar seus lucros. Cada nó de Bitcoin no mundo todo irá rejeitar qualquer coisa que não esteja de acordo com as regras que se espera que o sistema siga.

Bitcoins são criados em uma taxa decrescente e previsível. O número de novos bitcoins criados cada ano é automaticamente reduzido pela metade com o passar do tempo até que a emissão seja completamente suspensa com um total de 21 milhões de bitcoins existentes. Neste ponto, os mineradores de Bitcoin provavelmente serão suportados exclusivamente por numerosas pequenas taxas de transação.

Por que bitcoins têm valor?

Bitcoins têm valor porque eles são úteis como uma forma de dinheiro.

Bitcoin tem as características de dinheiro (durabilidade, portabilidade, fungibilidade, a escassez, a divisibilidade e o reconhecimento) com base nas propriedades da matemática, em vez de depender de propriedades físicas (como ouro e prata) ou confiança nas autoridades centrais (como moedas fiduciárias).

Em suma, o Bitcoin é apoiado pela matemática. Com esses atributos, tudo o que é necessário para uma forma de dinheiro manter o valor é a confiança e adoção.

No caso do Bitcoin, isso pode ser medido pela sua crescente base de usuários, comerciantes e

startups.

Tal como acontece com todas as moedas, o valor do bitcoin vem somente e diretamente das pessoas dispostas a aceitá-las como pagamento.

O que determina o preço do bitcoin?

O preço de um bitcoin é determinado pela lei da oferta e da demada. Quando a demanda por bitcoins aumenta, o preço aumenta, e quando a demanda cai, o preço cai.

Há somente um número limitado de bitcoins em circulação e novos bitcoins são criados em uma taxa previsível e decrescente, o que significa que a demanda deva seguir este nível de inflação para manter seu preço estável.

Como o Bitcoin ainda é um mercado relativamente pequeno comparado ao que ele poderia ser, não é necessária uma quantia muito significante de dinheiro para aumentar ou diminuir o preço do mercado, portanto o preço de um bitcoin ainda é bastante volátil.

Preço do bitcoin de 2013 a 2015:

Bitcoins podem se tornar inúteis?

Sim. A história está repleta de moedas que falharam e não são mais utilizadas, tais como o Marco Alemão, durante a República de Weimar e, mais recentemente, o Dolár de Zimbáue. Embora as falhas das moedas anteriores foram tipicamente devido à hiperinflação, do tipo que Bitcoin torna impossível, sempre há possibilidade de falhas técnicas, moedas concorrentes, questões políticas e assim por diante.

Como regra básica, nenhuma moeda deve ser considerada

absolutamente segura de falhas ou problemas. Bitcoin provou ser confiável por muitos anos desde a sua criação e há um grande potencial para Bitcoin continuar a crescer. No entanto, ninguém está em condições de prever qual será o futuro do Bitcoin.

Bitcoin é uma bolha?

Um aumento rápido no preço não constitui uma bolha. Uma supervalorização artificial que conduzirá a uma correção descendente súbita constitui uma bolha. Escolhas baseadas em ação humana individual por centenas de milhares de participantes do mercado é a causa para o preço do bitcoin flutuar a medida que o mercado busca a descoberta de preço.

Razões para mudanças no sentimento podem incluir uma perda de confiança no Bitcoin, uma larga diferença entre valor e preço não baseada nos fundamentos da economia Bitcoin, cobertura de imprensa aumentada estimulando demanda especulativa, medo de incerteza e, à moda antiga, exuberância irracional e ganância.

Bitcoin é um esquema Ponzi?

Um esquema Ponzi é uma operação de investimento fraudulenta que paga retornos ao seus investidores com seu próprio dinheiro, ou com o dinheiro de investidores sub - sequentes, ao invés de lucros obtidos pelas pessoas que gerenciam o negócio. Os esquemas Ponzi são feitos para entrar em colapso aos custos dos últimos investidores quando não houver mais novos participantes.

Bitcoin é um projeto de software gratuito sem autoridade central. Consequentemente, ninguém está em posição de realizar representações fraudulentas sobre o retorno de investimentos. Como qualquer outra moeda como o ouro, o Dólar Norte-Americano, Euro, Yen etc., não existe garantia de que o poder de aquisição e a taxa de troca flutuem livremente. Isto nos leva a volatilidade, onde proprietários de bitcoins podem imprevisivelmente fazer, ou perder, dinheiro. Além da especulação, Bitcoin também é uma forma de pagamento prestativa e de atributos competitivos que está sendo utilizada por milhares de usuários e negócios.

Bitcoin não beneficia os que aderiram primeiro?

Alguns primeiros utilizadores têm um grande número de bitcoins porque eles aceitaram riscos e investiram tempo e recursos em uma tecnologia não comprovada que era dificilmente usada por alguém e que era muito difícil de garantir adequadamente. Muitos primeiros utilizadores gastaram grandes números de bitcoins o bastante algumas vezes antes deles se tornarem valiosos ou compraram somente quantias pequenas e não tiveram ganhos enormes.

Não há garantia que o preço de uma bitcoin irá aumentar ou cair. Isto é muito similar a investir em uma empresa iniciante que pode aumentar de valor através da sua utilidade e popularidade ou nunca deslanchar. Bitcoin ainda está na sua infância e foi desenhada com uma visão de longuíssimo prazo, é difícil imaginar como ela poderia ser menos inclinada aos primeiros utilizadores, os usuários de hoje podem ou não ser os primeiros utilizadores de amanhã.

Aquantidade finita de bitcoins não será uma limitação?

Bitcoin é único, pois, nunca serão criados mais de 21 milhões de bitcoins. No entanto, isso nunca vai ser uma limitação, pois as transações podem ser denominadas em sub-unidades menores que um bitcoin, como bits — há 1.000.000 bits em um bitcoin. Bitcoins podem ser divididos em até 8 casas decimais (0,000 000 01) e unidades potencialmente ainda menores se necessário no futuro, conforme o tamanho médio da transação diminui.

Bitcoin não cairá em uma espiral deflacionária?

Ateoria da espiral deflacionária diz que se preços são esperados a cair, pessoas vão adiar suas compras para conseguir se beneficiar dos preços mais baixos. Essa queda em demanda fará com que comerciantes baixem os preços de suas mercadorias, para estimular a demanda, trazendo um problema pior ainda e acabando em uma crise econômica.

Embora esta teoria seja uma maneira popular para justificar a inflação entre os bancos centrais, não parece sempre que são verdadeiras e é considerada polêmica entre os economistas. Eletrônicos de consumo é um exemplo de um mercado em que os preços caem constantemente, mas que não está em depressão. Do mesmo modo, o valor de bitcoins aumentou ao longo do tempo e ainda o tamanho da economia Bitcoin também tem crescido dramaticamente com ele.

Porque tanto o valor da moeda e do tamanho de sua economia começou do zero em 2009, o Bitcoin é um contra-exemplo para a teoria mostrando que deve, por vezes, estar errada.

Não obstante, o Bitcoin não foi projetado para ser uma moeda deflacionária. É mais certo dizer que o Bitcoin tende a inflacionar nos seus primeiros anos e se tornar estável futuramente. Aquantidade de bitcoins em circulação só irá cair quando as pessoas descuidadosamente perderem suas wallets por não fazer backups. Com uma base monetária e a economia estáveis o valor da moeda deverá permanecer a mesma.

Especulação e volatilidade não são um problema para o Bitcoin?

Esta é a situação do ovo e da galinha. Para o preço do bitcoin estabilizar, uma economia em grande escala necessita se desenvolver com mais empresas e usuários. Para uma economia em grande escala se desenvolver, as empresas e os usuários irão buscar estabilidade nos preços.

Felizmente, a volatilidade não afeta os principais benefícios do Bitcoin como um sistema de pagamento que transfere dinheiro de um ponto A a um ponto B. É possível que comerciantes convertam os pagamentos em bitcoins para sua moeda local instantaneamente, permitindo a eles lucrar com as vantagens do Bitcoin sem serem prejudicados com as flutuações do preço. Já que o Bitcoin ofereça muitas caracteristicas únicas, usuais e próprias, muitos usuários escolhem usar o Bitcoin. Com tantas soluções e incentivos é possivel que o Bitcoin crescerá e se desenvolverá a um grau que a volatilidade do preço se tornará limitada.

E se alguém comprasse todos os bitcoins existentes?

Apenas uma fração de bitcoins emitidos até esta data são encontrados nos mercados de câmbio para venda. Os mercados de Bitcoin são competitivos, ou seja, o preço de um bitcoin vai subir ou cair em função da oferta e da procura. Além disso, novos bitcoins continuarão a ser emitidos nas próximas décadas.

Portanto, mesmo o comprador mais determinado não poderia comprar todos os bitcoins existentes. Esta situação não sugere, no entanto, que os mercados não são vulneráveis a uma manipulação de preços, pois ele ainda não tem uma quantidade significativa de dinheiro que impeça alguém de mover o preço de mercado para cima ou para baixo, e, assim, o Bitcoin permanece um ativo volátil até agora.

E se alguém criar uma moeda digital melhor?

Isso pode acontecer. Por enquanto, o Bitcoin continua sendo de longe a moda virtual descentralizada mais popular, porém não há garantias que ela manterá essa posição. Já existem uma seria de moedas alternativas inspiradas no Bitcoin. No entanto é provalvemente correto supor que deveria haver melhorias significantivas para que uma nova moeda ultrapassasse o Bitcoin em termos de mercado estabelecido, mesmo assim isso permanece imprevisivel. O Bitcoin poderia também adotar melhorias de moedas competitivas desde que elas não mudem as partes fundamentais do protocolo.

Transações.

Por que eu tenho que esperar 10 minutos?

Receber um pagamento é quase instantâneo com Bitcoin. No entanto, há um atraso de 10 minutos, em média, antes que a rede comece a confirmar a transação, incluindo-a em um bloco e antes que você possa gastar os bitcoins que você recebe. A confirmação significa que não há um consenso sobre a rede que os bitcoins que você recebeu não foram enviados para qualquer outra pessoa e sejam considerados como sua propriedade.

Uma vez que a transação tenha sido incluída em um bloco, ela continuará a ser sepultada sob cada bloco seguinte, que irá exponencialmente consolidar um consenso e diminuir o risco de uma reversão da transação. Cada usuário é livre para determinar em que ponto eles consideram uma transação confirmada, mas seis confirmações é muitas vezes considerado tão seguro quanto esperar seis meses em uma transação com cartão de crédito.

Quanto será a taxa de transação?

Amaior parte das transações podem ser processadas sem taxas, mas usuários são encorajados a pagar uma pequena taxa voluntária para uma confirmação de suas transações mais rapidamente e para remunerar "mineiros". Quando taxas são necessárias, elas normalmente não excedem alguns centavos. Seu programa de Bitcoin normalmente tentará estimar uma taxa apropriada, quando for necessário.

As taxas de transação são usadas como proteção contra usuários que enviam transações para sobrecarregar a rede. Amaneira precisa em que as taxas funcionam ainda está sendo desenvolvida e vai mudar com o tempo. Porque a taxa não é relacionada com a quantidade de bitcoins que são enviados, pode parecer extremamente baixa (0,0005 BTC para uma transferência de 1000 BTC) ou injustamente elevado (0,004 BTC para um pagamento de 0,02 BTC). Ataxa é definida por atributos como dados de transação e recorrência da transação. Por exemplo, se você está recebendo um grande número de pequenas quantidades seguidas, as taxas para o envio será maior. Esses pagamentos são comparáveis a pagar uma conta de restaurante usando apenas alguns centavos. Passar pequenas frações de seus bitcoins rapidamente também podem exigir uma taxa. Se a sua atividade segue o padrão das transações convencionais, as taxas devem permanecer muito baixa.

E se eu receber um bitcoin quando o meu computador estiver desligado?

Tudo bem. Os bitcoins aparecerão na próxima vez que você iniciar o aplicativo da carteira. Bitcoins não são realmente recebidos pelo software no seu computador, eles são anexados a um registro público que é compartilhado entre todos os dispositivos na rede.

Se lhe forem enviados bitcoins quando o programa cliente da carteira não está em execução e mais tarde você iniciá-lo, ele irá baixar blocos e obter as transações que não conhece, e os bitcoins eventualmente aparecerão como se estivesse acabado de receber em tempo tempo real. Sua carteira só é necessária quando você deseja gastar bitcoins.

O que é que "sincronizando" quer dizer e por que demora tanto?

Um longo período de sincronização só é necessário quando se utiliza clientes de nó completo como o Bitcoin Core. Técnicamente falando, sincronização é o processo de download e verificação de todas as transações que já passaram pela rede. Para alguns clientes de Bitcoin, calcular o saldo da sua carteira de Bitcoin e realizar novas transações é necessário que se saiba de todas as transações anteriores. Este passo utiliza intensivamente recursos e exige uma banda e armazenamento suficientes para acomodar o tamanho total da block chain. Para que o Bitcoin continue seguro, um número suficiente de pessoas tem que manter um cliente de nó completo para que executem a tarefa de validação e afinação das transações.

Mineração.

O que é mineração de Bitcoin?

Mineração é o processo de usar capacidade de processamento para processar transações, garantir a segurança da rede, e manter todos participantes do sistema sincronizados. Pode ser considerado como o datacenter do Bitcoin exceto que foi projetado para ser totalmente descentralizado, com mineradores em todos os países e nenhum em particular tendo controle sobre a rede. Este processo é chamado de "mineração" em uma analogia à mineração de ouro porque é um mecanismo temporário utilizado na emissão de novos bitcoins. Porém diferentemente da mineração de ouro, a mineração de Bitcoin provê uma recompensa em troca dos serviços essenciais para operar uma rede segura de pagamentos. Mineração ainda será necessária depois que o último Bitcoin for emitido.

Como é que a mineração de bitcoin funciona?

Qualquer um pode se tornar um mineiro de Bitcoin executando software com hardware especializado. Software de Mineração ouve transações transmitidas através da rede ponto a ponto e executa tarefas apropriadas para processar e confirmar essas transações. Mineiros de Bitcoin realizam esse trabalho, porque eles podem ganhar comissões de transação pagas pelos usuários para o processamento mais rápido das transações, e bitcoins novos são emitidos de acordo com uma fórmula fixa existente internamente.

Para novas transações serem confirmadas, elas precisam ser incluídas em um bloco juntamente com uma prova matemática de trabalho. Tais provas são muito difíceis de serem geradas porque não há um jeito de se criá-las a não ser através da tentativa de realizar bilhões de cálculos por segundo. Isso requer que mineradores realizem tais cálculos antes que seus blocos sejam aceitos pela rede e antes de serem recompensados. À medida que mais pessoas começam a minerar, a dificuldade de encontrar novos blocos válidos é automaticamente aumentada, para garantir que a média de tempo para encontrar um bloco permaneça igual a 10 minutos. Como resultado, a mineração é um negócio altamente competitivo onde nenhum indivíduo minerador pode controlar o que é incluído na block chain.

Aprova de trabalho também é projetada para depender do bloco anterior para forçar uma ordem cronológica na block chain. Isso torna exponencialmente difícil de reverter operações anteriores, pois isso exige o recálculo das provas de trabalho de todos os blocos subsequentes. Quando dois blocos se encontram ao mesmo tempo, os mineiros trabalham sobre o primeiro bloco que receber e exibem a cadeia mais longa de blocos logo que o bloco seguinte é encontrado. Isso permite que a mineração garanta e mantenha um consenso global com base no poder de processamento.

Mineiros de Bitcoin não são capazes de enganar, aumentando a sua própria recompensa, nem processar transações fraudulentas que poderiam corromper a rede Bitcoin, porque todos os nós Bitcoin rejeitariam qualquer bloco que contenham dados inválidos de acordo com as regras do protocolo Bitcoin. Consequentemente, a rede continua a ser segura, mesmo que nem todos os mineiros de Bitcoin possam ser confiáveis.

Minerar Bitcoin não é um desperdício de energia?

Gastar energia para proteger e operar um sistema de pagamento é dificilmente um desperdício. Como qualquer outro serviço de pagamento, o uso de Bitcoin implica custos de processamento. Serviços necessários para o funcionamento dos sistemas monetários atualmente generalizados, tais como bancos, cartões de crédito e veículos blindados, também usam muita energia. Embora ao contrário Bitcoin, o seu consumo total de energia não é transparente e não pode ser tão facilmente medido.

Amineração de Bitcoin foi concebida para tornar-se mais otimizada ao longo do tempo, com hardware especializado que consome menos energia, e os custos operacionais de mineração deve continuar a ser proporcionais à demanda. Quando a mineração Bitcoin se torna muito competitiva e menos rentável alguns mineiros optam por parar suas atividades. Além disso, toda energia gasta na mineração é transformada em calor eventualmente, e os mineiros mais rentáveis serão aqueles que colocam esse calor para uma boa utilização. Uma rede de mineração otimizada e eficiente é aquela que não está realmente consumindo qualquer energia extra. Enquanto isto é o ideal, as economias de mineração são proporcionais ao que os mineiros se esforçam individualmente em direção a ela.

Como a mineração ajuda a manter a segurança do Bitcoin?

A mineração cria o equivalente a uma loteria competitiva que torna muito difícil para qualquer um adicionar consecutivamente novos blocos de transações na cadeia de blocos. Isso protege a neutralidade da rede, impedindo que qualquer indivíduo ganhe o poder de bloquear determinadas transações. Isso também impede que qualquer indivíduo substituia partes da cadeia de blocos para reverter seus próprios gastos, o que poderia ser usado para fraudar outros usuários. A mineração torna exponencialmente mais difícil de reverter uma transação passada, exigindo a alteração de todos os blocos seguintes a esta transação.

O que eu preciso para começar a minerar?

Nos primórdios do Bitcoin, qualquer pessoa poderia encontrar novos blocos usando a CPU do seu

computador.

Quando mais e mais pessoas começaram a minerar, a dificuldade em encontrar novos blocos cresceu gradativamente ao ponto de apenas hardwares especializados com ótimo custo-benefício de mineração serem usados hoje.

Segurança.

Bitcoin é seguro?

A tecnologia Bitcoin - o protocolo e a criptografia - tem um registro forte de segurança e a rede Bitcoin é provavelmente o maior projeto de computação distribuida do mundo.

A vulnerabilidade mais comum do Bitcoin é o erro do usuário. Os arquivos de carteira de Bitcoin que guardam as chaves privadas necessárias, podem ser apagadas, roubadas ou perdidas. Isto é bem parecido com dinheiro tradicional mantido em formato digital.

O Bitcoin já foi "hackeado" no passado?

As regras do protocolo e da criptografia usadas pelo Bitcoin ainda estão funcionando anos após a sua criação, o que é uma boa indicação de que o conceito é bem desenhado. No entanto, falhas de segurança foram encontradas e corrigidas ao longo do tempo em várias implementações de software. Como qualquer outra forma de software, a segurança de software Bitcoin depende da velocidade com que os problemas são encontrados e corrigidos. Quanto mais essas falhas são descobertas, mais o software Bitcoin ganha em maturidade.

Muitas vezes há equívocos sobre roubos e violações de segurança que aconteceram em diversos intercâmbios e negócios. Embora esses eventos sejam infelizes, nenhum deles envolvem o próprio Bitcoin ser hackeado, nem implica falhas inerentes em Bitcoin, apenas como um assalto a banco não significa que o real esteja comprometido. No entanto, é preciso dizer que um conjunto completo de boas práticas e soluções de segurança intuitivas é necessário para dar aos usuários uma melhor proteção do seu dinheiro, e para reduzir o risco geral de roubo e perda. Ao longo dos últimos anos, esses recursos de segurança desenvolveram rapidamente, como criptografia de carteira, carteiras offline, carteiras de hardware e transações multi- assinatura.

Usuários poderiam conspirar contra o Bitcoin?

Não é possível alterar o protocolo Bitcoin facilmente. Qualquer cliente Bitcoin que não está de acordo com as mesmas regras não podem aplicar suas próprias regras sobre outros usuários. De acordo com a especificação atual, os gastos duplicados não são possíveis na mesma cadeia de blocos, e nem o gasto de bitcoins sem uma assinatura válida. Portanto, não é possível gerar quantidades descontroladas de bitcoins repentinamente, gastar fundos de outros usuários, corromper a rede, ou qualquer coisa similar.

No entanto, a maioria dos mineiros poderia escolher arbitrariamente bloquear ou reverter transações recentes. A maioria dos usuários também pode exercer pressão para algumas mudanças a serem adotadas. Porque Bitcoin só funciona corretamente com um consenso total entre todos os usuários, a mudança do protocolo pode ser muito difícil e requer uma maioria esmagadora de usuários a adotar as mudanças de tal forma que os usuários restantes têm quase nenhuma escolha a não ser seguir. Como regra geral, é difícil imaginar por que qualquer usuário Bitcoin poderia optar por adotar qualquer alteração que possa comprometer o seu próprio dinheiro.

Bitcoin é vulnerável à computação quântica?

Sim, a maioria dos sistemas que dependem de criptografia em geral são, inclusive sistemas bancários tradicionais. No entanto, os computadores quânticos ainda não existem e, provavelmente, não vai por um tempo. No caso em que a computação quântica poderia ser uma ameaça iminente para Bitcoin, o protocolo pode ser atualizado para usar algoritmos pós- quânticos. Dada a importância que esta atualização teria, pode-se esperar com segurança que seria altamente revisado por desenvolvedores e adotada por todos os usuários do Bitcoin.

por que não minerar bitcoins sozinho.

Em 2009, quando o bitcoin foi lançado, ele custava muito menos do que 1 dólar. Aprimeira negociação foi 10 mil Bitcoins por 2 pizzas. Hoje, quase 8 anos depois, a moeda digital já chega a custar mais de 1000 dólares, o que significa que aqueles que enxergaram seu potencial lá na época da sua criação podem atestar como este é um ótimo investimento.

Para acumular bitcoins, o investidor de hoje tem 5 opções:

comprá-lo de uma plataforma segura que ofereça um bom atendimento, aceitar o bitcoin como pagamento em troca de produtos e serviços, comprar diretamente de uma pessoa, utilizar faucets (sites que oferecem a moeda em troca de tarefas como visualizar anúncios) ou minerar bitcoins.

No **EBOOK**, vamos falar mais sobre essa última opção, a mineração de bitcoins, e quais são os riscos para quem resolve se aventurar por ela.

Como funciona a mineração de bitcoins?

Ao contrário do dinheiro como utilizamos hoje, que é impresso e colocado no mercado com a intermediação de órgãos reguladores, os bitcoins não são emitidos. O processo pelo qual essa moeda é criada é mais parecido com a mineração do ouro, daí a origem do termo: minerar bitcoins.

E é esse processo que também influencia na oscilação do valor da moeda digital, devido às suas dificuldades e aos custos altos de realizá-lo. Isso porque, para minerar bitcoins, é preciso ter um computador poderoso, dotado de software específico e ligado a uma rede de outros mineradores, semelhante ao torrent, que trabalham confirmando as transações e assegurando a rede.

Além do custo alto com hardware, a dificuldade em obter bitcoins é controlada pelo próprio processo de mineração, que acontece da seguinte maneira: de tempos em tempos, em intervalos definidos pelo protocolo, os mineradores recebem um cabeçalho com várias informações da rede e dos blocos anteriores, e aplicam uma função hash até encontrar um número definido pela rede. Funciona como jogar um dado com milhares de lados para se encontrar um número específico. Quanto maior for sua rapidez de jogar o dado, ou o seu poder computacional, mais tentativas você pode fazer em um certo prazo e encontrar o número desejado.

E o minerador que conseguir encontrar esse valor primeiro, anuncia para todos os outros mineradores e nós da rede, e recebe a recompensa.

Quais são os riscos de minerar bitcoins?

Além de ser um processo que necessita de conhecimento em tecnologia, minerar bitcoins por conta própria envolve riscos que acabam com toda a liquidez do investimento, como por exemplo:

Altos custos com máquinas e infraestrutura.

Amineração começa na compra de máquinas para minerar, que são produzidas fora do país. O alto imposto de importação, aliado ao atraso nas entregas internacionais, pode fazer com que você perca o timing e gaste muito com o valor da máquina e impostos. Vale lembrar que também é necessário pensar na refrigeração, o que pode incidir em custos com ar- condicionado.

Altos custos com energia.

Os gastos com a mineração não param na aquisição de um computador robusto. O uso de energia em casa também pode subir consideravelmente, o que faz com que investir na mineração não valha tanto a pena.

Investimento de risco.

Mesmo que você resolva investir em uma máquina potente para fazer a função hash, não é garantido que você terá esse dinheiro de volta, visto que o bitcoin pode cair de valor, sua máquina quebrar ou aumentar a dificuldade, fazendo com que sua máquina se torne obsoleta em pouco tempo.

Por que eu devo optar por outras alternativas?

A mineração é um processo necessário para controlar a demanda e gerar oferta da moeda; porém, com o aumento da popularidade dela, esse processo tem sido comandado cada dia mais por grandes empresas, especializadas no assunto.

Algumas delas chegaram até a lançar ultracomputadores destinados especificamente para a mineração de bitcoins, com os quais um usuário comum, mesmo que um com ótimo computador em casa, não poderia concorrer.

Com isso tudo, sem dúvidas, negociar bitcoins por meio de plataformas seguras é a melhor opção, tanto para a compra quanto para a venda.

Elas não só facilitam o processo como também podem oferecer melhores condições e um atendimento que forneça suporte para realizar as transações com o mínimo de risco.

Como Comprar Bitcoin: Passo a Passo.

Vamos ensinar a depositar reais e comprar bitcoin.

Para poder comprar bitcoin,você precisa possuir uma conta verificada. E ter cadastro em uma exchange; e ter sua conta verificada. Lembrando que, ao realizar o cadastro, você já pode começar a comprar.

Após o cadastro, já pode seguir os passos abaixo.

Passo #1 – Depositar reais.

Para comprar bitcoins em uma exchange, siga os passos seguintes: você precisa depositar a quantia de reais que você deseja transformar em

bitcoin.

Entre na plataforma da sua exchange e faça login na sua conta.

EXCHANGE

Compre e Venda seus bitcoins de maneira segura e rápida.

Nome de usuário: Senha: Entrar

Registrar

Clique em Depósitos.

Menu

- 👤 Meu perfil
- 🔍 Sobre a exchange
- ⤫ Comprar ou Vender
- 📖 Livro de ofertas
- ⚙ Algo Trading
- ☰ Livro contábil
- ✚ Depósitos
- ─ Saques
- ? Suporte e Sugestões
- 🌐 API
- ➡ Sair

Escolha a opção Depositar Real.

Você também pode clicar na seta para baixo que se encontra no menu lateral, na opção BRL.

Escolha o Banco em que você deseja depositar.

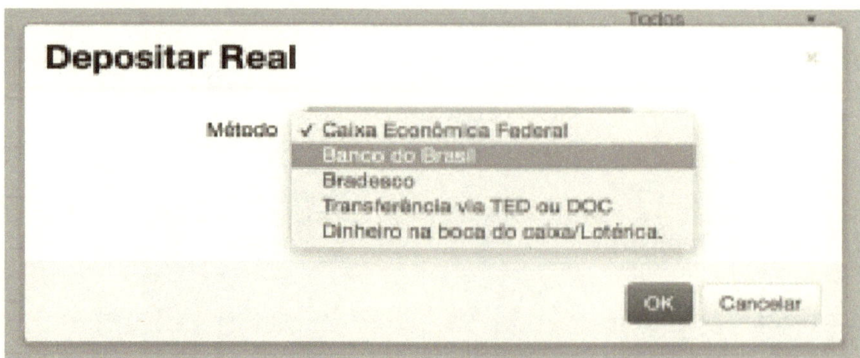

AEXCHANGE, tem conta em vários bancos, para que o processo de depósito seja mais ágil. Se você tem conta em outro banco, escolha a opção TED para valores acima de R$250 e DOC para valores abaixo de R$250.

Agora você deve escolher o valor a depositar.

Aqui faremos o exemplo com R$ 1000, mas vc pode depositar a partir de R$50.00

OBS:. Atenção!

Existem algumas regras que devem ser respeitadas para fazer o depósito com sucesso.

Veja:

Somente serão aceitas transferências (TED/DOC) oriundas da mesma pessoa física/jurídica, ou seja, mesmo CPF/CNPJ que

está registrada na sua EXCHANGE.

Não serão aceitos depósitos direto do Caixa Eletrônico.

(somente no método Dinheiro na boca do caixa).

Após a solicitação de depósito, irão aparecer as informações e dados da conta de depósito.

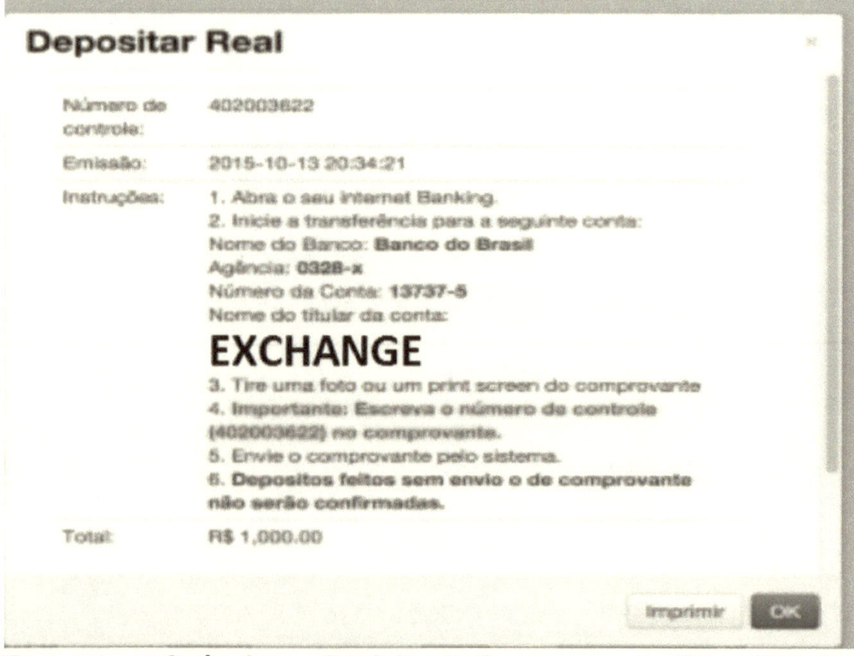

Faça a transferência ou depósito da forma que escolheu. Depois disso, envie o comprovante.

```
SISBB - SISTEMA DE INFORMAÇÕES BANCO DO BRASIL
        -    AUTOATENDIMENTO   -

        TRANSFERÊNCIA ENTRE CONTAS CORRENTES

CLIENTE: FERNANDO BRASIL
AGÊNCIA: 2288-8     CONTA:   10909-0
- - - - - - - - - - - - - - - - - - - - - - - - - - - - - - -
FAVORECIDO
AGÊNCIA: 328-0     CONTA:  13737-5
CLIENTE: EXCHANGE
VALOR: 1.000,00
DATA: 26/08/2015
- - - - - - - - - - - - - - - - - - - - - - - - - - - - - - -
```

(printscreen, foto ou scan).

Data/Hora	Situação	Valor	Número de controle	Detalhes	Ações
13/10/2015 17:34:21	Não confirmado	R$ 1.000,00	402003622	ver	enviar comprovante

Prazo para processamento do depósito:

Aresposta depende da forma, banco e o horário. Em geral, os tempos são mais ou menos assim:

Tranferências bancária, em horário comercial, são confirmados em até 30 minutos;

Depósitos no Caixa Eletrônico ou Casas Lotéricas são confirmados até as 18h;

TEDs vindos de outros bancos são confirmados em até 2 horas após o envio do comprovante;

DOCs vindos de outros bancos são confirmados no próximo dia útil. Assim que o dinheiro for creditado, você já poderá comprar bitcoin.

Passo #2 – Comprar bitcoin com reais.

Para começar, clique em Comprar ou Vender .

Coloque a quantia em reais que você gostaria de comprar e clique em Comprar .

No exemplo, utilizamos os 1000 reais que depositamos na EXCHANGE.

Comprar ou Vender

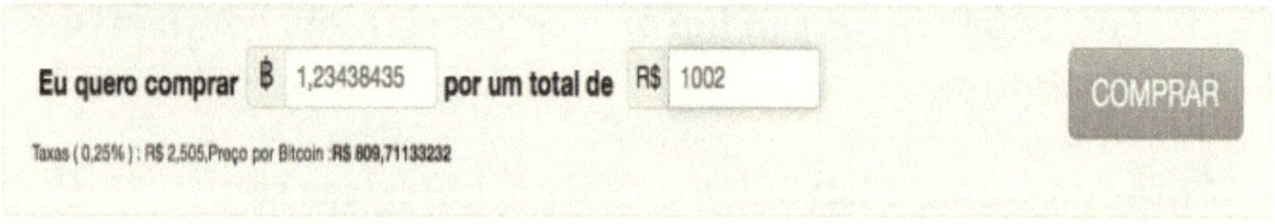

Clique em Comprar e veja a sua ordem de compra executada.

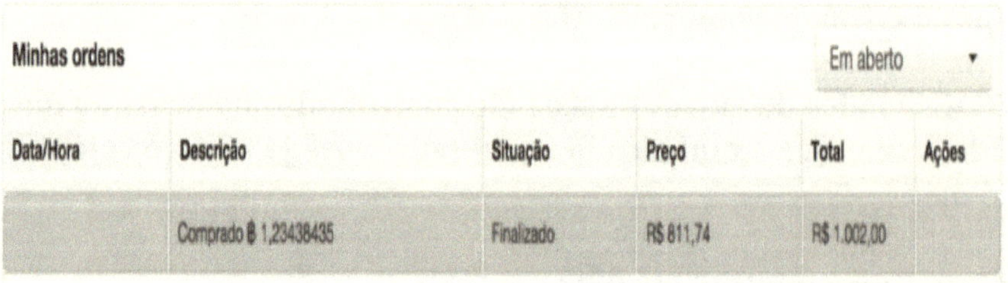

Minhas ordens					Em aberto ▾
Data/Hora	Descrição	Situação	Preço	Total	Ações
	Comprado ฿ 1,23438435	Finalizado	R$ 811,74	R$ 1.002,00	

Pronto! Você já conseguiu comprar bitcoin na EXCHANGE !

Confira o seu saldo de bitcoins no menu lateral.

Minha conta		
BRL	R$ 0,00	
BTC	฿ 1,23129841	
Valor aprox.	*R$ 1002,00*	

Agora você pode utilizar esses bitcoins para muitas coisas.

Por exemplo, se quiser utilizá-los para poupar e ganhar juros em dólares!

Pode também utilizar para compras em diversas lojas que aceite bitcoins.

entre outros milhares de negócios ao redor do mundo.

5 sinais de golpe de pirâmide com Bitcoin.

Quando A empresa oferece lucros acima de 5% ao mês.

Uma empresa de mineração jamais poderá oferecer mais de 5% de lucro em mineração com Bitcoin. Isto porque a mineração não é tão lucrativa quanto às pessoas costumam fantasiar. Existem muitos custos por trás da atividade, tais como energia, funcionários, servidores, etc.Supostas empresas de mineração estavam oferecendo 30% de lucro, o que é um completo absurdo! E mesmo se a empresa oferecer lucros abaixo de 5% isto não isenta a mesma de ser um golpe de pirâmide com uma vida mais longa.A empresa não deposita diretamente na sua carteira o resultado da mineração.Empresas serias de mineração pedem o endereço da sua carteira para depositar diretamente e diariamente a sua parte da mineração.Empresas que mandam seus investidores acumularem uma quantidade mínima de Bitcoins. E ainda fazer o processo de retirarada de seus Bitcoins manualmente para sua carteira. Ou seja, a empresa estava dificultando a retirada dos seus fundos. Se isso ocorrer desconfie!!!

quando a empresa tem menos de 1 ano de funcionamento; e Oferece lucros de mais de 10% ao mês; Saia fora que é uma mineradora golpe de pirâmide em Bitcoin. A matemática é simples! Quanto maior a margem de lucro que a empresa oferece aos seus investidores menor será o tempo de vida da mesma no mercado .

Se a empresa oferece uma margem de lucro alta o tempo de vida dela será curto, pois os golpistas terão que sumir com o site e os vestígios do negócio quando a base da pirâmide parar de crescer.

Resumindo, se a empresa oferece um lucro de 10%, isto significa na prática que ela pode ficar durante 10 meses te pagando com seu próprio dinheiro! Só então, depois destes 10 meses, que ela começa a usar dinheiro de outros investidores para te pagar.

É mais ou menos neste ponto que os golpistas costumam dar o

calote em todos os investidores.

Empresas sérias usam

piscinas de mineração.

Essas empresas golpistas costumam usar piscinas de mineração de grande volume para disfarçar a pirâmide financeira.

Quando é uma mineradora séria, que está há vários anos no mercado, ela é a própria piscina de mineração!

Uma boa dica é você visitar os canais oficiais destas empresas no no site: youtube.com. atrás de palestras dos seus fundadores e vídeo das máquinas de mineração funcionando.

Você precisa encontrar: um vídeo com um galpão repleto de máquinas funcionando uma do lado da outra, que o barulho das ventoinhas resfriando os processadores chega até ser ensurdecedor!

Na prática, são destas salas gigantes que vem todo Bitcoin minerado no mundo.

O ser humano é muito imprevisível, a ganancia pode fazer as pessoas perderem a moral. Então, procure projetos sérios de EMPRESAS; Que oferecem contratos vitalícios de poder de mineração.

Mesmo essas empresas em determinado momento pode se deixar contaminar pela ganancia e começar a fraudar seus investidores.

Dos 21 milhões do Bitcoin que poderão existir em circulação no mundo mais de 70% já foi minerado e tem dono! Acho que a moeda está indo para uma nova fase.

Penso que o melhor jeito para se conseguir Bitcoin agora seja oferecendo um produto ou serviço.

Somente assim o Bitcoin irá cumprir seu real proposito de ser uma moeda de troca livre de bancos centrais.

O número de sites que passam golpes em Bitcoin são enormes. Segue no link a lista negra com milhares de sites que já aplicaram em Bitcoin no mundo. 66
ACESE: http://www.badbitcoin.org/thebadlist/#BTC 66
OBS:. ATENÇÃO: VISITE ESSES SITES NO LINK ABAIXO. ABRA NO CROME PARA TRADUZIR AS PÁGINAS...................1

Não se deixem atrair por investimentos com grandes taxas de retorno. Nada de valor nessa vida vem fácil.

BITCOIN ESTÁ ASER USADO COMO DISFARCE DEFRAUDE MULTINÍVEL.

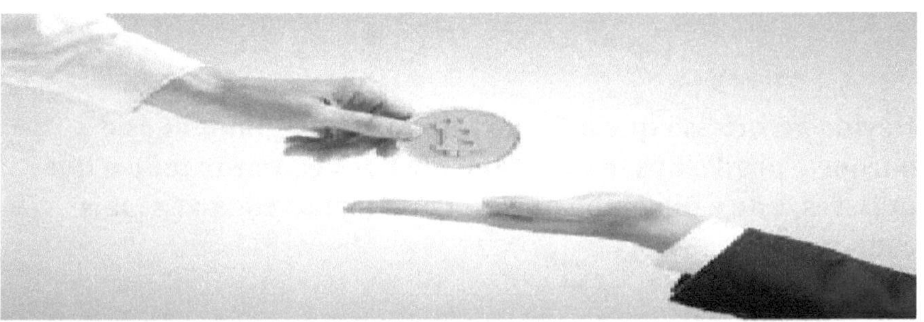

Não participes em fraudes disfarçadas de negócios que prometem um rendimento fixo a minerar moedas virtuais. Cuidado com o golpe do Bitcoin!

Hoje emdia está a aparecer cada vez mais fraudes multinível devido à facilidade comque é possível escolher o golpe usado como produto ou prova dos rendimentos pagos aos participantes.

Nopassado, o VOIP (na TelexFree) e o armazenamento na

Cloud (Eternyon, Wings Network e outras fraudes) foram usados, mas agora umdos golpes que está a ser bastante usado, são as moedas virtuais.

Alguns dos esquemas fraudulentos que usam o Bitcoin ou

outra moeda virtual são HYIPs puros, enquanto existem esquemas empirâmide que garantem que existe mineração de

Bitcoin.

mas na realidade os números estão a passar e não existe mineração de moeda nenhuma.

O Golpe do Bitcoin e outras moedas virtuais.

Devido ao sucesso que o Bitcoin teve nestes últimos anos e porque é possível usar praticamente para comprar tudo o que quiseres, este é um golpe que está a se tornar cada vez mais comum.

Cada Bitcoin vale uma pequena fortuna e por isso, não é muito difícil de perceber porque é fácil de enganar pessoas gananciosas por ganhar

dinheiro online a qualquer custo, mesmoa burlar outras pessoas.

Para criar o golpe do Bitcoin ou de outras moedas virtuais é muito fácil – até chegam a criar moedas virtuais que nemexistem e não têm valor fora do esquema em pirâmide.

Basta seguir os passos seguintes:

Criar um software similar ao software usado na mineração de moedas virtuais. O software tem que ser praticamente igual, para iludir até quem tem alguma experiência nesta área.

Sempre que a vítima estiver com o software aberto, o software vai atualizar os números (no software e) no backoffice. Desta forma, parece que existe a mineração de moeda virtual. Para não

serem apanhados com este golpe e justificarem o rendimento fixo mensal, dizem que a "empresa" paga para os participantes minerar a moeda. Ou seja, dizem "tu mineraste 1000€ de moeda virtual e nós pagamos-te 500€ Mas… se a moeda não tem valor ou não existe mineração, como é que vão pagar? É simples! O dinheiro das novas vítimas é usado para pagar aos antigos participantes… até que tudo colapsa!

Enquanto o esquema está em ação, os criadores e os afiliados top

dizem 1001 mentiras. Dizem que este é uma oportunidade rentável, oportunidade da vida, negócio lucrativo, negócio do futuro, entre outras mentiras para atrair novas vítimas.

O objetivo é burlar o maior número de pessoas!

Ogolpe vai continuar até ser bloqueado pela justiça ou não haver mais dinheiro a circular.

Entretanto, só quemnão percebe de moedas virtuais é que vai ser ganancioso demais e ingénuo para entrar numa fraude, onde tudo são

mentiras!

Caraterísticas de qualquer moeda virtual legítima.

Para ser mais fácil de identificar quando estás perante uma

fraude multinível ou mineração legítima de moeda virtual, aqui ficam várias caraterísticas que tornam mais fácil de identificar as diferenças:

•Ao longo do tempo torna-se mais difícil minerar a moeda virtual É necessário um bom PC para minerar

Não é necessário pagar para obter o software de mineração O valor da moeda virtual é definida pela procura e oferta.

Bitcoin é "pirâmide"?

"Pirâmide", "esquema pirâmide", "pirâmide financeira", "Marketing Multinível" ou "MMN" são as formas vulgares que nomearam na década de 1920, o termo "pirâmide" vem da estrutura como a venda é organizada: a pessoa no topo é a primeira a vender o bem ou serviço para outras pessoas, que também têm a obrigação de continuar com as vendas, formando vários níveis, ou cadeias, sempre com um novo "degrau".

Nesses casos, os pagamentos dos investidores vêm das aplicações feitas pelos novos membros. Em algum momento, a cadeia é rompida: os valores recebidos dos novos recrutados não são suficientes para pagar os membros mais antigos e os pagamentos começam a atrasar, até o momento em que param de ocorrer, com prejuízo para os participantes.

Devido a volatilidade do seu preço, do alto valor unitário e também

de alguns casos onde pessoas ganharam muito dinheiro com a
moeda, o Bitcoin às vezes é acusado de ser um esquema de pirâmide.

E esse tipo de golpe tem surgindo com frequência, principalmente
utilizando a moeda Bitcoin, promessas de investimento baixo, com
retorno alto, sem necessidade de vender alguns produtos, todo lucro
é proveniente da indicação de pessoas para fazer parte do grupo, o
que não é o caso do Bitcoin. Com o Bitcoin não é necessário que
novas pessoas comecem a minerar ou participem da rede para que
ela continue funcionando, a rede independe do número de
utilizadores, porém, quanto mais descentralizado e replicado o
protocolo for, melhor para o desempenho da rede.

A natureza limitada na fórmula do Bitcoin garante sua força, a
impossibilidade de inflação e constante valorização no futuro.

O Bitcoin é uma tecnologia independente, aberta, pública e não
depende de uma empresa ou um grupo de pessoas para funcionar, se
alguém:

Cobra taxa de adesão para você ter seus Bitcoins. Fala sobre
derramamento de outros usuários na sua linha.

Pagamento de bônus em Bitcoins. Mensalidade para participar do
esquema. Promete que você vai minerar Bitcoin no seu computador.

Saiba que você está lidando com um esquema em pirâmide, que
repito, nada tem haver com o Bitcoin em si, estas pessoas estão
apenas usando a imagem da nova tecnologia para se promover e
fugir do rastreio estatal da movimentação desses valores.

Indícios de pirâmide.

Ao ouvir uma proposta de investimento muito melhor do que as tradicionais é preciso "ligar" um sinal de alerta.

"A história do dinheiro fácil em curto espaço de tempo não existe, é o 'negócio da China' que não é real.

Toda vez que aparece uma proposta de enriquecimento muito rápido é preciso desconfiar.

Eventualmente, haverá uma ruptura desse processo e o prejuízo vai existir."

Investigue a empresa: Antes de entrar no investimento, é preciso investigar a empresa pelo Cadastro Nacional de Pessoas Jurídicas (CNPJ), tanto em órgãos de defesa do consumidor, como no Procon, quanto nos sites de reclamações de consumidores – por exemplo:

O Reclame Aqui: (www.reclameaqui.com.br). Também é possível verificar informações na Junta Comercial do Estado ou na Comissão de Valores Mobiliários (CVM).

Desconfie de promessas de retornos elevados com baixo risco: "Rentabilidade e risco costumam andar de mãos

dadas.

Se é bom demais para ser verdade, provavelmente não o é. (...)

Decida com calma. Desconfie de oportunidades apresentadas como imperdíveis que exigem, por qualquer motivo, uma decisão imediata.

O objetivo pode ser o de evitar que você reflita um pouco mais e desista", diz documento da

CVM.

Tenha certeza de que entendeu os riscos e as características do investimento: Conforme a CVM, o investidor não deve ter receio de fazer perguntas já que os golpistas costumam omitir informações sobre as propostas de investimento.

###

CONCLUSÃO.

PREZADO LEITOR – AO MEDIR O RETORNO DE CADA AÇÃO DE SEU DINHEIRO COM RISCO CALCULADO; VOCÊ FAZ SEU INVESTIMENTO CRESCER. VOCÊ NÃO PRECISA COMEÇAR COM QUANTIAS MILIONÁRIAS. POR CAUSA DO ALTO RISCO; INVISTA COM CONSCIÊNCIA E COM PEQUENOS ORÇAMENTOS QUE NÃO VÁ LHE FAZER FALTA. VOCÊ PODE COMEÇAR COM 10% POR CENTO DE SUA RENDA, QUE É O ACONSELHÁVEL; QUANDO VOCÊ RECEBER SEU SALÁRIO, OU OUTRO TIPO DE RENDA; RETIRE LOGO DE IMEDIATO, NÃO DEIXE PARA TIRAR DEPOIS. OU O QUE SOBROU.

NUNCA PENSE ASSIM:

" HÁ EU VOU TIRAR O QUE SOBRAR "

COMO EU MENCIONEI LOGO ACIMA, PODE RETIRAR SEM MEDO 10% DO SEU CAPITAL. ESSA PORCENTAGEM É O ACONSELHÁVEL; PARA ASSIM OBTER GRANDES RETORNOS; GRADATIVOS E COM RESULTADOS POSITIVOS.
###

Confira o glossário completo de termos técnicos:

DE

(A) Á (Z)

E

MAIS

4 TIPOS DE INVESTIMENTOS ALÉM DA POUPANÇA.

Altcoin.

Nome dado a moedas alternativas ao bitcoin. Exemplo: Litecoin, Dogecoin, Dash, etc.

AML.

Sigla de Anti-Money Laundering, em português,

Anti-Lavagem de Dinheiro, que são técnicas usadas para barrar a lavagem de dinheiro, como receber dinheiro apenas via transferência bancária e do próprio titular da conta, como as exchanges brasileiras já fazem.

ASIC.

Sigla Application Specific Integrated Circuit, em português Circuitos Integrado de Aplicação Especifica, é um chip criado especificamente para realizar uma tarefa. No caso do bitcoin, os ASICs foram criados para processar hash SHA-256 e minerar bitcoins.

ATM.

Sigla de Automated Teller Machine, que significa Caixa Eletrônico. No caso do bitcoin, as vezes são chamados de BTM, e

permitem que os usuários façam compra e venda de bitcoins, usando dinheiro físico ou cartões de débito.

ACoinDesk possui um MAPA com ATMs espalhados pelo mundo e a lista de fabricantes .

Bitcoin Minúsculo.

Iniciando com letra minúscula, representa a unidade monetária do protocolo Bitcoin.

Bitcoin Maísculo.

Iniciando com letra maiúscula, representa o protocolo criado por Satoshi Nakamoto.

Blockchain.

Cadeia de blocos.

Blockchain.info.

Empresa que oferece serviço de carteira e explorador de blocos, erroneamente confundida com a cadeia de blocos do bitcoin.

Block Explorer.

Um block explorer ou blockchain browser, é um site ou programa de computador que permite você visualizar e navegar pelo blockchain do bitcoin e de outras criptomoedas. Os block explorer mostram, de forma amigável e legível ao ser humano, todas as transações, endereços, blocos e outras informações do blockchain.

Exemplos: https://www.blockchain.info ou

https://www.blocktrail.com/BTC

Bloco Genesis.

O primeiro bloco do bitcoin, minerado por Satoshi Nakamoto.

Possui a mensagem "The Times 03/Jan/2009 Chancellor on brink of second bailout for banks", referente a manchete do jornal The Times, do dia 3 de Janeiro de 2009.

BTC.

Abreviação da unidade monetária do bitcoin.

CPU.

Sigla de Central Processing Unit, em português, Unidade Central de Processamento, é o cérebro do computador, onde a maior parte dos cálculos é feito. No início do bitcoin, era utilizado para minerar, porém, com o avanço das GPUs e, posteriormente, dos ASICs, ficou para trás.

DdoS.

Sigla de Distributed Denial of Service, em português, Ataque Distribuído de Negação de Serviços, é um ataque que utiliza um grande número de computadores sob o controle de um atacante para enviar pequenas quantidades de tráfegos pela internet com o objetivo de congestionar o acesso e drenar recursos de um servidor alvo.

Dust transaction.

Transação com uma pequena quantidade de bitcoins, com baixo valor financeiro, mas que ocupa espaço no blockchain. Na versão 0.8.2 do Bitcoin-Qt, a equipe de core-developers definiu como dust transaction uma transação com output menor que 5.46 uBTC, cerca de R$0,007.

Endereço Vanity.

Um endereço bitcoin personalizado, criado usando o

VANITYGEN. Exemplo:
1FoXBiT54xSBqRQ6Pkh9eiuw9KgG8ixUn2

Escrow.

Nome dado ao ato de manter fundos em posse de terceiros, a fim de proteger durante uma operação.

Exemplo: João tem bitcoins e Maria tem reais, eles querem negociar, mas não se conhecem muito bem, no entanto, ambos confiam em Carlos. João envia os bitcoins para Carlos, Maria envia os reais para João e, se tudo der certo, Carlos envia os bitcoins para Maria. O Carlos fez o escrow da negociação.

Exchange.

Local utilizado para troca entre moedas e outros ativos. Exchange de bitcoins são utilizadas para trocar bitcoin por moedas FIAT ou outras

criptomoedas.

Gigahashes/sec – Gh/s.

O número de tentativas de hashing possível em um dado segundo, medido em bilhões de hashes (milhares de Megahashes).

GPU.

Sigla de Graphical Processing Unit, em português, Unidade de Processamento Grafico, é um chip projetado especificamente para processar cálculos matemáticos complexos, necessário para rodar jogos e softwares que utilizam muitos recursos gráficos.A GPU foi muito utilizada na mineração de bitcoin, devido ao alto poder de processamento de hashes, porém perdeu lugar para os ASICs. Ainda é muito utilizada para minerar altcoins com criptografia diferente de SHA-256 e Scrypt.

Hash rate.

Número de hashes processados por um minerador em um determinado período de tempo.

Input.

Endereço origem de uma transação bitcoin. Uma única transação pode ter múltiplos endereços de origem.

Kilohashes/sec – kH/s.

Número de tentativas possíveis de resolver um hash em um dado segundo, medido em milhares de hashes.

KYC.

Sigla de Know Your Customer, em português, Conheça seu Cliente, são políticas que instituições governamentais impõe a empresas para assegurar quem conhecem com quem estão fazendo negócios, ou seja, possuem dados e documentos de seus clientes.

Litecoin – LTC.

Altcoin que utiliza Proof of Work e é baseada na função Scrypt. No início, era resistente a ASICs, o que a fez ser conhecida como a prata das criptomoedas, atrás apenas do ouro, o bitcoin.

Liquidez.

Capacidade de comprar ou vender um ativo facilmente, mesmo em grandes quantidades.

Megahashes/sec – MH/s.

Número de tentativas possíveis de resolver um hash em um dado segundo, medido em milhões de hashes.

microBit – uBTC.

Milionésima parte de 1 bitcoin ou 0.000001 BTC.

miliBit – mBTC.

Milésima parte de 1 bitcoin ou 0.001 BTC.

Minerar.

Ato de gerar novos bitcoins resolvendo problemas criptográficos com um computador ou hardware específico.

Mixer.

Serviço utilizado para embaralhar input e output de transações, a fim de manter a privacidade e diminuir o nível de rastreamento.

Moeda FIAT.

Título não lastreado em nenhum metal precioso, possui valor devido a confiança que as pessoas/instituições dão a ele. Dólar, euro, real, são todas moedas fiduciária.

Nó.

Dispositivo conectado a rede bitcoin que utiliza um programa de computador para retransmitir transações para outros nós, criando uma rede descentralizada.

Output.

Endereço destino de uma transação bitcoin. É possível que uma transação tenha múltiplos outputs.

Pool.

Coleção de mineradores que se agrupam para minerar

coletivamente um bloc, e depois dividir a recompensa entre eles. Pools de mineração são uma ótima maneira para aumentar a probabilidade de êxito conforme a dificuldade aumenta.

QR code.

Código de barras bidimensional que pode ser convertido em texto, URL, número de telefone, geo - localização, etc. É muito utilizado para codificar e facilitar a leitura de chaves privadas e endereços bitcoin, por ser facilmente escaneado usando a maioria dos telefones celulares equipados com câmera.

Satoshi.

Menor divisão de um bitcoin (0.00000001btc).

Satoshi Nakamoto.

Pseudônimo usado pelo criador do Bitcoin.

Scamcoin.

Altcoin criada com objetivos de dar golpe nos usuários e enriquecer os criadores, seja com pump-and-dump ou pré-mineração.

Scrypt.

Criptografia alternativa ao proof of work do bitcoin (SHA-256), designada para ser mais utilizada por CPUs e GPUs, oferecendo uma resistência aos

ASICs.

SEPA.

Sigla de Single European Payments Area, é um sistema de pagamento integrado entre os países da Zona do Euro, que permite você transferir fundos entre bancos e países diferentes.

A operação de transferência é semelhante ao TED/DOC que possuímos no Brasil, mas no caso da SEPA, engloba todos os países que utilizam Euro.

SHA-256.

Função matemática do tipo hash utilizando no bitcoin em diversos contextos, inclusive durante o processo de mineração.

Taxa de Transação.

Também conhecida como transaction fee ou mining fee, é uma pequena taxa necessária para uma transação ser processada pelos mineradores.

Terahashes/sec – TH/s.

Número de tentativas possíveis de resolver um hash em um dado segundo, medido em trilhões de hashes (TH/s).

Testnet.

Uma rede alternativa ao bitcoin usada para testes.

TOR.

Sigla de The Onion Router, em português, O Roteador Cebola, é um protocolo de roteamento, usado por pessoas que querem manter sua privacidade na rede.

Volatilidade.

Medida dos movimentos de preços ao longo do tempo para um ativo financeiro, incluindo o bitcoin.

XBT.

Código ISO 4217 não oficial para representar a unidade monetária do bitcoin.

##
######### 4 TIPOS DE INVESTIMENTOS ALÉM DA POUPANÇA. Principal tipo de investimento dos brasileiros em anos passados, a

poupança hoje já não tem a mesma rentabilidade de antes.Por isso, esse tipo de investimento vem perdendo cada vez mais espaço no mercado financeiro brasileiro. De acordo com o Banco Central, apenas de janeiro a setembro de 2015, a poupança perdeu mais de 50 bilhões de reais em recursos que foram sacados pelos investidores.

O momento é de buscar as novas oportunidades do mercado financeiro. Por isso, separamos neste post 4 tipos de investimento além da poupança que você precisa conhecer. Confira!

1. Tesouro Direto.

Essa modalidade de investimento, baseada em títulos públicos emitidos pelo governo, é uma das que mais tem ganhado destaque nos últimos anos. É como se o investidor emprestasse dinheiro ao governo para receber essa quantia acrescida de juros no futuro. O investimento no tesouro direto é de baixo custo e muito seguro.

É possível encontrar títulos de diferentes rentabilidades e prazos de vencimento, o que ajuda na programação financeira dos investidores. A remuneração pelo investimento é informada no momento da compra dos

papéis e garantida pelo Tesouro Nacional.

Para investir no Tesouro Direto você precisará de uma instituição financeira intermediadora para fazer seu cadastro junto ao Tesouro Nacional. Uma vez cadastrado, você pode acompanhar e gerenciar seus investimentos pela internet. Desse modo, o Tesouro Direto é uma opção prática, segura e de baixo custo para diversificar seus investimentos.

2. CDB (Certificado de Depósito Bancário).

Semelhante ao Tesouro Direto, porém no CDB o investidor cede dinheiro aos bancos em troca da remuneração com juros. O risco e o retorno desse investimento são proporcionais à solidez da instituição financeira, ou seja, quanto maior e mais seguro o banco, menores os riscos e melhores os lucros.

Apesar de incidir imposto de renda sobre esse investimento, é possível conseguir retornos maiores do que por meio da poupança. Para isso, é preciso fazer uma boa escolha entre títulos pré-fixados e pós-fixados e investir no que mais se ajusta às suas necessidades.

3. Letras de Crédito (LCI e LCA).

As Letras de Crédito Imobiliário e as Letras de Crédito Agrícolas também são investimentos de renda fixa com remuneração mais atrativa do que a da poupança. Nessa opção os prazos são predefinidos, devendo o dinheiro permanecer aplicado por todo o período.

As LCI's e LCA's são investimentos de baixo risco e que não possuem cobrança de Imposto de Renda. Também permitem a escolha entre títulos de rentabilidade pré-fixada e pós-fixada. Se você é um investidor conservador, essa pode ser uma boa opção para você.

4. Bitcoin.

Você já deve ter ouvido falar muito sobre essa moeda digital por aí, então agora é hora de saber por que ela pode ser um ótimo investimento Utilizada para transações digitais sem intermediários, a moeda possui um potencial de apreciação muito elevado —tanto que, atualmente, uma unidade de Bitcoin equivale a aproximadamente R$2.400,00.

Além de ser uma forma de investimento, o Bitcoin possui

diversas vantagens ao ser utilizado em transações financeiras.
Não há incidência de grandes taxas, haja vista que a moeda
possui toda sua base na rede mundial de computadores. Por isso,
aumenta a cada dia o número de pessoas e de negócios que
preferem trabalhar com Bitcoin.

Apesar de possuir um risco mais alto do que as opções
anteriores, os números da valorização da moeda virtual nos
últimos anos impressionam, fazendo do Bitcoin o investimento
mais rentável do século.

###
#########

MUITO OBRIGADO POR TER ADQUIRIDO ESTE EBOOK:

BITCOIN A NOVA REALIDADE DO MUNDO FINANCEIRO.

TENHA MUITO SUCESSO !!!

BOA SORTE !!!